**ASOCIACIÓN FAMILIARES
ALZHEIMER VALENCIA**

A de Alzhéimer 2

© Del texto: VV. AA
© De esta edición: NPQ Editores
www.npqeditores.com
edicion@npqeditores.com

Primera edición: julio, 2025

Impreso en España

Los papeles que usamos son ecológicos, libres de cloro y proceden de bosques gestionados de manera eficiente.

ISBN: 979-13-87868-03-1
Depósito legal: V-2745-2025

A DE ALZHÉIMER 2

A DE ALZHÉIMER 2

ASOCIACIÓN FAMILIARES
ALZHEIMER VALENCIA

A todas las personas que conviven con el alzhéimer, a quienes cuidan con entrega, a quienes recuerdan con el alma y a quienes cada día construyen puentes entre la memoria y el amor.

Gracias por inspirarnos cada una de estas cien historias.

Relatos premiados

PRÓLOGO

A de Alzhéimer, un proyecto solidario para resistir al olvido a través de la palabra

La memoria es un hilo invisible que cose nuestros días, nuestros afectos, nuestras historias. Cuando ese hilo comienza a romperse, lo que queda no es el vacío, sino una red de manos que sostiene. Este libro es parte de esa red: un conjunto de microrrelatos que, en apenas unas líneas, nos recuerdan que el olvido nunca borra del todo lo que se ha amado.

Cada tres segundos, alguien en el mundo desarrolla demencia. Detrás de cada diagnóstico hay una vida, una familia, una historia. Con A de Alzhéimer, la Asociación de Familiares de Alzhéimer de Valencia (AFAV) propone una forma de resistir al olvido a través de la palabra, un libro que recoge cien relatos que dan voz a lo que a menudo se silencia: el amor, el cuidado, la pérdida y, sobre todo, la dignidad.

Son relatos breves, pero cargados de vida: evocan, denuncian, conmueven y, sobre todo, acompañan. Cada texto es una pequeña luz frente al olvido, una forma de decir: *«Estás aquí, sigues siendo tú aunque no lo recuerdes como antes»*. Y también es una forma de tender la mano a quienes cuidan, a quienes sufren, a quienes resisten cada día con paciencia y ternura.

Pero este libro es más que un homenaje. Es un acto de visibilidad, de dignificación y de apoyo. Porque cada ejemplar vendido contribuye directamente a mejorar la calidad de vida de las personas con alzhéimer y de sus familias. Porque cada palabra escrita aquí se convierte en un gesto de solidaridad.

Gracias por abrir estas páginas. Gracias por leer, por sentir, por formar parte. Con tu lectura, no solo sumas una historia más: ayudas a que muchas historias sigan siendo posibles.

CON LOS DEDOS DE UNA MANO

De Miquel Hernández Ramón

Primer Premio del II Certamen de Microrrelatos
A de Alzhéimer

Esta mañana al despertarme, una voz me ha susurrado al oído...
—Te queda un día menos.
Me he levantado sobresaltado, pero al momento, pensándolo bien, he decidido volverme a acostar.
Cuando me vuelva a levantar, ya serán dos días menos.
Prisa, no, prisa no tengo, y pausa, sí, pausa sí tengo, pero no me detengo. No tengo claro si voy hacia delante o hacia atrás, ni si es una suma o una resta, pero lucho por reconocer esa voz que de repente me vuelve a susurrar...
—Tres días menos.
¿Tres días menos para qué?
—Para olvidar si sumas o si restas.
¡Maldita sea, déjame vivir sin contar los días que me quedan!
—Ya no te quedan.
¿Cómo? ¿Que no me quedan qué?
—Días, ni horas, ni minutos, ni segundos, no te queda nada.
¿Nada?
—Bueno, algún vago recuerdo, alguna imagen difusa y un resbaladizo sentido del tacto.
Entonces siento cómo una mano coge la mía y pienso... «Del amor no ha dicho nada, será porque el amor lo percibo en esta mano más fiel que resbaladiza».
Sus dedos no cuentan días, se entrelazan con los míos.

GRAN VÍA 1926

De Francisco Collado Estebanez

**Segundo Premio del II Certamen de Microrrelatos
A de Alzhéimer**

Se perdió buscando un templo con campanas, aunque llevaba años durmiendo bajo columnas sagradas. Caminaba sin sombrero, con la mirada en lo alto, como siguiendo el vuelo de una paloma que se le había escapado del pensamiento. Campana, campana. El impacto del tranvía le dejó malherido.

Nadie reconoció al genio. Decían que un mendigo. Un viejo que dibujaba con los dedos líneas invisibles en el aire.

—¿Ha visto usted a mi cliente? Tengo prisa por acabar su obra. Es Dios —preguntaba a la monja, que se encogía de hombros persignándose.

En el hospital dijeron que no llevaba documentación. Que nadie vino a verle. Que deliraba con ángeles en columnas como ramas de árboles, con geometrías que recordaba de sus excursiones por el monte.

Mientras agonizaba, sus manos aún temblaban como si tallaran piedra. Las ideas iban y venían como cuervos en la niebla. A veces despertaba preguntando por su familia.

Otras veces calculaba números sin parar.

En su mente, los muros seguían creciendo. Los recuerdos discurrían como tranvías, pero ya no sabía en cuál había subido.

Murió sin saber que su obra seguiría creciendo, piedra a piedra, como él la soñó.

EL ESPEJO ROTO

De Yeisson Vargas Rendón

**Tercer Premio del II Certamen de Microrrelatos
A de Alzhéimer**

Cada tarde se detenía frente al espejo del baño y pronunciaba su nombre con la delicadeza de quien sostiene un hilo a punto de romperse, temiendo que, si se le escapaba de los labios, otro lo atraparía. Luego cerraba los ojos y se entregaba a la tarea de ordenar sus recuerdos, esos fragmentos huidizos que apenas palpitaban, titilantes como luciérnagas extraviadas en la profunda y extraña vía de su mirada.

Su esposa, desde la puerta entreabierta —como ya era su costumbre—, lo observaba en silencio mientras se escurrían entre sus dedos las experiencias vividas. Sabía que cada día él se convertía más en una flor marchita: su mente, en un jardín en el que el viento se llevaba hoja a hoja dejando solo tristeza en el aire y preguntas sin ribera.

Una tarde él volteó hacia ella mirándola como quien descubre algo hermoso y extraño por primera vez:

—Perdona, ¿nos conocemos?

Ella, con ojos húmedos, respondió tranquila:

—Aún no, pero todavía tenemos algo de tiempo.

Avanzó lentamente hacia él y extendió la mano invitándolo a iniciar juntos, otra vez, esa delicada ceremonia de conocerse por última vez.

RELATOS finalistas

ACROBACIA

De Antonio Fernández Salamanca

En mi trajín de pasos y borrasca envolvente, no conseguía centrar mis pensamientos, y la cabeza se convertía en un circo de tres pistas. Hoy la nueva acrobacia tenía que ver con la creación literaria. Darle un vuelco a mi vida, entrando y saliendo de otros zapatos. Usar puertas giratorias para recuperar el aliento que mi propia cobardía me negaba. Ser valiente, atrevido, locuaz, brillante, y hasta feliz, en los relatos.

¿Sería posible vivir otras vidas por un instante y regresar a tu esencia sin huellas? La alegría, tristeza y conflictos ajenos podrían ser mi particular botiquín.

En algún punto del camino perdí las maletas, o al menos la voluntad de llenarlas de fantasía. No es que la carga fuera el motivo de mi olvido, y ni siquiera mi huidiza capacidad de concentración un argumento válido para justificar el desaliento. El ancla llevaba tu nombre, y mi faro tu luz. El día menos pensado saco del baúl el disfraz de pirata, las alas de Pegaso y las botas de *cowboy*. La nostalgia busca refugio en las meriendas, deberes a medio hacer y los payasos de la tele. Ya empieza a refrescar cuando te alejas.

CADA VEZ

De Paco Magalló Mayo

Cada vez que guardas el cepillo de dientes en la nevera.
Cada vez que me preguntas por la oficina en la que nunca trabajé.
Cada vez que te enredas en un bucle sin salida.
Cada vez que te presento a tus nietos y no hay rastro de su nombre.
Cada vez que me miras y no me ves.

Eres un río que no encuentra su camino, una hoja que vadea su existencia.
Se te caen los recuerdos como a mí se me caen las llaves, te desdibujas sin saber qué hacer.

Y por eso, cada vez yo te sonrío,
cada vez te cuento nuestro amor,
cada vez te abrazo con dulces palabras.
Y, cada vez, sin saber cómo, suena nuestra canción, esa que ya no recuerdas... y bailamos como entonces, y seguimos latiendo juntos.

Cada vez.

CARTEL LUMINOSO

De Jorge Rodríguez Ivars

—Y ahí estaba yo, conduciendo el coche por la autopista —dijo el anciano haciendo una pausa para humedecerse los labios.

Yo, a su lado, le miraba en silencio.

—A lo lejos vi un cartel luminoso, era magnífico. No recuerdo qué anunciaba, en realidad ya no recuerdo nada, pero sé que me gustó. A pesar de que aceleré, parecía que nunca iba a alcanzarlo. Disfrutaba del paisaje, eso sí, pero quería llegar hasta él, admirarlo.

Un ataque de tos lo detuvo. Esperé calmado.

—Poco a poco, se fue acercando más rápido, se iba haciendo más grande y, cuando por fin llegué hasta él... —levantó la mano alcanzando algo que solo podía ver él—, pasó como una exhalación. Solo pude ver por el retrovisor cómo se iba alejando, quedando atrás.

Me miró con ojos cansados.

—El tiempo es lo más valioso que tenemos. Disfruta cada instante, cada segundo. Ese cartel... era como el presente: breve, fugaz.

Asentí comprendiendo el mensaje. Me levanté y le estreché la mano.

—Da gusto que, a pesar de no conocernos, me haya escuchado, muchas gracias, muchacho.

Salí de la residencia y al meterme en el coche vi un bonito cartel luminoso frente a mí.

—Gracias a ti, padre.

EL VALOR DE NADAR

De Salomé Miño Barriga

Dedicado a mi abuela Susana...

En el océano Pacífico vivía una ballena llamada Susana. Los corales la reconocían por su nombre, y las corrientes cambiaban el curso para no interferir con su paso. Era la más grande y sabia entre los seres del mar. Había nadado junto a barcos importantes y escuchado los cantos de los primeros delfines. Conocía todo del mar.

Otras ballenas acudían a ella para aprender rutas seguras. Las tortugas le preguntaban por las aguas cálidas y los tiburones la saludaban con respeto.

Un día Susana notó que su canto, antes escuchado a kilómetros, se quebraba. Olvidaba el camino a las aguas del sur, confundía los nombres de las estrellas y ya no reconocía a los calamares que bailaban cerca. A veces, se detenía en mitad del océano sin recordar a dónde iba.

«¿De qué sirve mi tamaño, mi historia, mi voz, si ya no puedo guiar ni recordar?», pensaba triste.

Entonces, un grupo de peces diminutos se acercó. No buscaban consejos ni rutas, solo nadaban junto a su lomo cobijados por su sombra. Uno le dijo:

—Tu valor no depende de lo que recuerdes. El abrigo, la presencia y la calma que das al mar ya son suficientes.

Susana sonrió y siguió nadando.

DVORAK Y EL CONCIERTO DE VIOLONCELO

De Mario Navarro Pizzo

Un altavoz reproduce Radio Clásica en la sala de una residencia para ancianos. Se oye una introducción sinfónica de cuatro minutos hasta que irrumpe un sonido fuerte y enfático; es un si natural. Unos breves dos y res sostenidos, y vuelve el si acentuado. Los pacientes escuchan. O parecen escuchar. Algunos sufren avanzados estadios de alzhéimer, la música los calma.

Un enfermo levanta la mano izquierda, el codo sobre el apoyabrazos, la sube y la baja, mueve algunos dedos, esa mano le tiembla. El sanitario presente lo ve: «¿Será un ictus? Parece grave», piensa. Llama al médico residente.

La geriatra llega enseguida, observa al paciente y mira al enfermero con una sonrisa.

—Ha reconocido la música del altavoz, es el Concierto en si menor para violoncelo de Dvorak —le dice.

Conocía al paciente, había sido un violoncelista profesional y tocado esa obra muchas veces. El supuesto ictus solo eran las posiciones de mano y dedos que apretaban cuerdas sobre el diapasón imaginario del instrumento; el temblor, el vibrato para proyectar emoción y sonido. La música llegó y transitó con fluidez aún en su mente enferma.

El alzhéimer no puede con la música.

EL VIATGE

De Rosa María Tapia Alcover

Com cada matí, l'almirall, abans que el cel deixara pas a les primeres clarianes, pujava al vaixell que hi havia encallat disposat a donar les ordres de salpar a una tripulació ja inexistent. Es posava el bicorn tenyit de temps i, ferm a l'alcàsser, albirava la mar.

Convençut d'estar al comandament d'aquell vaixell, cridava...

—Rumb sud a tota vela!!! —cridava als quatre vents.

A la proa assegut, el seu fill seguia cada moviment amb la mirada fixa mentre sentia com el món s'aturava. Des que va començar a oblidar, era l'únic moment del dia que estava actiu, la resta romania a l'engrunsadora quiet, davant la finestra que donava a la mar.

L'almirall, com li agradava que l'anomenaren, feia temps que no se'n recordava de cares, ni de coneguts; per a ell, tots eren fills de l'eterna mar...

—Cap on ens dirigim hui, almirall?

Per un instant se li van il·luminar els ulls, com si recordara cada any en un segon. Però aquell moment prompte es va difuminar, encara que la ment de l'almirall va seguir navegant i contemplant el vaivé de les onades amb un somriure que no coneixia l'oblit.

—Anem on el vent ens permeta recordar!

CADA MAÑANA

De María Perpetua Fernández Redondo

Cada mañana, Elena dejaba una nota en la mesita de noche: «Te quiero, Antonio. Soy tu esposa desde hace cuarenta años». Al principio, él sonreía con ternura al leerla. Con el tiempo, la sorpresa se transformó en angustia.

Antonio guardaba las notas en una caja bajo la cama. Algunas noches, cuando ella dormía, las releía intentando reconstruir su historia: nombres de hijos que no recordaba, aniversarios perdidos en la niebla de su mente.

Un día, Elena encontró la caja. Dentro había cientos de notas y una carta sin abrir: «Cuando ya no me reconozcas, léela».

Con manos temblorosas, Antonio la abrió: «No importa si olvidas quién soy. Yo recordaré por los dos».

Esa noche, por primera vez, fue él quien dejó una nota: «No sé quién eres, pero siento que te quiero».

PAPÁ SONRÍE

De Jordi Moreno Satorres

Papá sonríe. Sus ojos me buscan, pero no me miran. Son dos grietas humeantes de un volcán apagado. El brillante titilar de sus pupilas es efímero. Esconde dolor. Las lágrimas relucen contenidas en esferas venosas presas de su esquizofrenia. Se ha vuelto a morder los labios. La carne viva dibuja en su barbilla un latigazo de sangre oscura.

Acaricio su mano y mi mente vuela a bordo de los recuerdos. Juego con los pliegues de sus arrugas. Gira la cabeza hacia mí. Le gusta. Sigue sonriendo.

Llaman al timbre. Le beso en la frente antes de ir hacia la puerta. Cuando abro, dos figuras enlutadas me empujan, me golpean, me amordazan y me atan a una silla. Papá gime desde su habitación. Corren a por él y me quedo solo en la entrada. Ante mí puedo ver la puerta y de reojo el espejo devolviéndome mi patética imagen.

Papá grita muy fuerte. Jadeos. Golpes secos. Crujidos de huesos. Casi puedo oler el aroma de la muerte a mis espaldas. Un silencio atronador lo impregna todo; resulta obsceno, perturbador.

Oigo pasos. Siento una respiración en mi nuca, unas manos me liberan, veo un rostro en el espejo.

Papá sonríe.

II Certamen literario de microrrelatos

SELECCIÓN
de RELATOS

AMOR OLVIDADO

De Manuel Ángel Moya Albadalejo

Teresa miraba a Manuel embelesada, con esa mirada de quinceañera enamorada que, todavía, en sus escasos momentos de lucidez, le iluminaba el rostro.

—Manuel, ¿puedes contarme la historia de cuando nos conocimos?

Manuel sonrió. Ella siempre le preguntaba por esa tarde, hacía ya casi setenta años, cuando sus destinos se unieron en aquel parque.

Allí estaba, paseando con dos amigas a las que él no les prestó la más mínima atención, pues, en cuanto sus miradas se cruzaron, para ellos no hubo nadie más. El tiempo se detuvo y solamente oían el sonido de sus corazones palpitantes. A pesar de ser un chico tímido, no pudo evitar acercarse a ella y presentarse.

—¿Te acuerdas, Teresa?

Pero Teresa ya no estaba allí. El alzhéimer la había transportado otra vez a ese mundo inhóspito donde los recuerdos se desvanecen, la memoria se distorsiona y las ideas se nublan; donde tu amor es un desconocido y la persona que con más mimo te cuida es tu mayor enemigo.

Manuel se acercó y posó una mano arrugada en su hombro.

—¡Oiga, ¿qué hace usted?! —le espetó Teresa apartándose de él.

—Soy yo, Manuel, tu marido —dijo.

Una lágrima resbalaba por su mejilla.

AQUELLAS TARDES

De Juan Francisco Lorencio García

Aún recuerdo aquellas tardes, sentados junto a la ventana, mientras el sol mortecino iluminaba la estancia.

No sé si me querías hablar y no te dejaba tu mente. Quería creer que estabas allí aunque estuvieras ausente.

En esos ratos frente a ti, intuía que mi presencia no te era indiferente.

Notaba que una comunicación especial fluía entre nosotros, pero no se manifestaba de forma clara.

Pasaba mucho tiempo pendiente de tus gestos esperando ver una luz que iluminara tus ojos.

Solo tu música favorita parecía estimular tus sentidos. Por momentos se intuía una pequeña sonrisa que pasaba fugazmente.

Y es ahora cuando no estás.

Es ahora cuando necesito recordar.

Es ahora cuando quisiera guardar para siempre...

... ese momento final, ese tan breve instante, en que a tus ojos volvió la claridad, justo antes de perderte.

AVEZADA

De Javier López Prieto

Siempre me explicaba que la persona es solo aquello que el resto considera persona. Siempre me lo decía. Me lo explicaba una y otra vez, claro que yo era muy joven como para entenderlo, pero me lo repetía siempre con aquella mirada ligeramente perdida. Me lo repetía y me explicaba que era mentira: que persona se es, no es un privilegio que te dan los demás. Decía siempre que la humanidad y la sociedad no son lo mismo, que hay cierto olvido que nubla a la identidad humana y que, paradójicamente, uno ve con claridad cuando todo lo demás empieza a enturbiarse. El tiempo pasó y dejó de repetirlo, y yo seguía sin comprenderlo. El tiempo volvió a pasar, el tiempo no sabe hacer otra cosa, y, viendo a mi madre, entiendo por qué ella se lo dice a mi hijo de la misma manera en que mi abuela me lo decía a mí.

BICHITO

De Tamara Vanesa Capano

Abro los ojos, verano, vacaciones; ¡por fin, madre mía, ayer Miguel y yo lo pasamos genial, ¡tenemos que controlarnos! Mi cuerpo parece el de un carcamal, con veinticinco años que tengo. Estoy resacosa.

—¡Miguel, Miguel, anoche qué manera de bailar, reír, disfrutar y que final, ¿eh?! —le grito y sonrío—. ¡Miguel, Miguel! ¿Me escuchas?

Voy a la cocina, está preparando zumo para la resaca; para mi cabeza aturdida. Lo abrazo y le digo:

—¡Qué bien lo pasamos!

Voy a besarlo se gira y... ¡quieto!

—Papá, ¿qué haces aquí?

Salgo de la cocina.

—¡Miguel, Miguel! —Y lo veo.

—Miguel, ¿qué hace mi padre aquí? —susurro.

—No, mamá.

—¿Mamáááá? ¡Miguel! ¡Aún te duran las copitas de anoche, ja, ja!

—No ma..., quiero decir, bichito.

Lo miro enamorada, deberíamos sentar cabeza.

—¡Miguel, Miguel, ¿me escuchas?!

Y hasta tener hijos.

—Serán maravillosos, ¡ven! Vamos a decírselo a mi padre.

—Si, mamá, vamos...

Lo agarro de las manos. «¿Qué tacto?», pienso... a la vez que respondo con picardía:

—¿Mamá? En breve seguro me llamarás mamá.

CÁRCEL DE NÁCAR

De Blas Fuentes Benito

Soledad. Silencio.

Aquí me encuentro, sola con mis pensamientos, sin ninguna otra compañía más que la tristeza, una televisión y las fotografías de mi marido, Vicente. Ya no hay ni belén ni árbol en mi casa, sino un sencillo nacimiento con las figuras principales en la oscura entrada de casa.

Este año no ha habido ni canciones ni villancicos, sino el silencio en la calle roto por los ladridos de algunos perros vagabundos. Cenas y comidas sin la familia, rodeada de paz; un pequeño riachuelo que nace de un gran río, pero que, sin embargo, riega tantos y tantos campos secos.

Ahora ya es hora de dormir, un día más como los otros pasados. ¿Qué día es hoy?

¿Martes o viernes? ¿Vicente, dónde estás? La cena se enfría...

Tal vez mañana despierte y todo haya acabado, quizás, y ya no estaré sola. Tal vez mañana no despierte, quizás, pero ya no estaré sola.

CENIZAS

De Amparo Romero Ranz

Nuestra madre se quedaba parada en el pasillo sin saber si iba o venía. Cuando empezó a preguntar, «¿Quién es el señor de la foto?», la llevé al médico. Padecía alzhéimer; al parecer, el mar de sus recuerdos había naufragado en la arena del olvido.

Entonces comenzaron las reuniones familiares. Para el resto de los hijos y las nueras, una buena institución era la mejor solución para ella. Yo opinaba todo lo contrario y les recordaba las amenazas de madre mucho antes de perder la memoria: «Si me ingresáis en una residencia, le prendo fuego».

Teletrabajaba; mientras aclarábamos las cosas, asumí el compromiso de ocuparme de ella. Me estremecía su mirada perdida, sus manos calladas. Un fuerte sentimiento de deber y compasión me impulsaba a cuidarla más allá de mis fuerzas.

Un año duró la batalla sorda entre mis deseos y yo, entre mis demandas de ayuda y la respuesta callada del resto.

Del día fatídico de mi ingreso, solo puedo recordar la ambulancia, la fuerte opresión en el pecho y la sensación de ahogo. Tuve noticias del incendio al salir del hospital.

CLARO DE LUNA

De María Consuelo Orias Gonzalvo

El sonido del piano me atraviesa como un eco del pasado. El lugar ya me es familiar: pasillos, salón con sofás verde turquesa, cuidadores de voces animosas y... mi padre cada vez más lejos, más perdido. Cruzo la puerta de la residencia poniéndome —al entrar— una sonrisa alegre. ¡¡¡Quiero detener su olvido!!!

Todo comenzó con pequeñas grietas: llave perdida, comidas familiares olvidadas...

—Papá, ¿no querías invitarnos?

Recuerdo que le decía entre risas cómplices ocultando mi dolor.

Los meses acallaron las bromas. El mundo se desdibujó cuando llegó el diagnóstico: alzhéimer. Un dolor agudo, punzante, amenazó con quebrarme. Solo me tenía a mí. No podía derrumbarme.

Pero... la melodía Claro de luna, suspendida en el aire, llega de una salita. Empujo la puerta y... ¡allí está él! Sentado frente al piano, sus dedos flotan sobre las teclas como si aún supieran a qué recuerdos aferrarse.

—Papá... —susurro.

Él se gira y me regala una sonrisa perdida.

—Oiga —dice mirándome con dulzura—, ¿cree que le gustará a mi esposa? Hoy es su cumpleaños.

Me acerco despacio con las lágrimas lamiendo mis mejillas, lo abrazo con fuerza y cierro los ojos.

Por un instante, mi padre ha vuelto.

COMO UNA FOTO MÁS

De Ester Recio Chaparro

Me olvidé de tus besos, tu olor, tu risa, y qué bonito fue mientras duró. Lo sé porque las fotos de mi casa lo demuestran: miradas, celebraciones, viajes... Qué duro pensar que algo que me hizo tan feliz ahora no esté en mi mente. Ni en mi piel de gallina, ni en mis preocupaciones.

No sé dónde estás, ni qué ha sido de ti. Qué pena pensar que aquello que parece haberme hecho tan feliz no se haya quedado en ningún lado.

Dicen que tengo alzhéimer y que por eso me olvido de las cosas. Hablan delante de mí como si estuviese igual de escondido que esos recuerdos.

Me tratan como si fuese una foto más del mueble del salón. Pero aquí sigo, intentando entender qué me pasa y por qué a mí.

COSAS QUE NO SE OLVIDAN

De Carmen Peruga García

Las cosas que no se olvidan son aquellas que llenan con un rayo de esperanza tus días, aquellas consagradas por los más mayores. Pueden estar transmitidas en un pequeño y viejo libro con miles de historias para contar, en forma de prosa, en forma de versos, recitados por ti, seguidos por él.

Una pequeña frase, que la siente, se emociona al escucharla, la vive, la llora... con una pequeña lágrima cayendo por su pálida y arrugada mejilla, al no olvidar, al sentir aquello que no se olvida, mediante pistas que se encuentran en pequeños objetos marcados en su día, un pequeño papel manchado por el paso del tiempo, metido entre hojas y palabras, que hablan por sí solas.

—Abuelo ¿leo un poema de nuevo? —Asiente con un gesto.

Aunque ellos no hablen, saben que, incluso sin expresarlo, esas pequeñas cosas son las que no se olvidan.

DECLARACIÓN DE INTENCIONES

De Cristina Soto Torres

Ayer la neuróloga nos confirmó el diagnóstico. Otra vez tú. Lo suponíamos. Conocemos tus estrategias de ocupación. Lentas e implacables. Ya has convivido con nuestra familia. Sabemos de tus ansias de apoderarte de todo, sin miramientos. Años atrás sufrimos mucho y aprendimos la lección. Ahora no te damos la bienvenida, pero tenemos un plan.

Hemos preparado para nuestro padre un refugio sobre sólidos cimientos de cariño, escucha y empatía. Nuestras manos actuarán como pilares y nuestros abrazos formarán un techo protector bajo el que se sienta a salvo aunque tú merodees amenazante.

Quizá algún día, gracias a la investigación, te transformes en una enfermedad curable, como otra cualquiera. Ojalá lo veamos.

Mientras tanto, nos dedicaremos en cuerpo y alma a dificultar tu camino.

DESCONEXIÓN

De Isolina Isabel de Anta Gómez

Me llamo Manuel y decidí desconectarme de una vida que no me gusta, abusiva, violenta y solitaria. Mis hijos viven lejos, rodeado de personas extrañas que me ponen un gorro ridículo y me hacen comer tarta. Ahora me convierto en un bebé al que lavan, peinan, visten y hablan como descerebrado. Pero mi alma está íntegra, les dejo hacer, pero me he retirado cual místico tardío y me dedico a observar, a vivir tranquila y sosegada una vida interior libre. Ellos creen que ya no estoy, pero sigo siendo yo y me queda la ternura. Cuando veo sus fotos, recuerdo a cada uno y sus historias: desde mi pequeño Juan manchado de chocolate hasta María cuando volvía tarde y su madre se enfadaba. Los recuerdo a todos, pero no quiero que ellos lo sepan porque he empezado mi vida de desconexión. No es un accidente cerebrovascular, ellos lo llaman alzhéimer, es una nueva vida que he elegido, elijo desconectarme de una realidad que no quiero. Yo lo llamo la segunda infancia, el paraíso perdido, soy feliz a mi manera. Aunque ellos no lo entiendan.

DESENLACE

De Rosalía Guerrero Jordán

Nada

Desde que me dieron el diagnóstico, el miedo se ha ido infiltrando en mi vida de manera sibilina. Al principio mantuve la calma y dispuse todo para cuando me desvaneciera en un limbo de nubes algodonosas. Y entendí que esas pequeñas cosas que me ocurrían —entrar a una habitación sin saber para qué, olvidar el nombre de un familiar cercano—no eran meros despistes.

Oculta tras la entereza que mostré ante mi familia mientras preparaba mi desenlace, se ha ido colando la sensación de estar caminando por un cable colgado en el vacío.

Hoy me he despertado en una cama desconocida y me he asustado. Ni siquiera recordaba el rostro de mi esposa. Me he levantado y he salido de la habitación, solo para darme cuenta de que aquella no era mi casa. Entonces, me he derrumbado y he llorado, y solo cuando su voz amable ha mecido mis recuerdos he vuelto a ser yo.

Ahora estoy tranquilo porque sé que, cuando ya no pueda volver, ella me sujetará la mano y me acompañará en el descenso de cada escalón hacia la nada.

DE VUELTA A LA REALIDAD

De Raquel Pardo Tendero

Su situación cada vez se agravaba más, el alzhéimer devoraba sus recuerdos silenciosamente. Mi madre le dedicaba todo su tiempo, no hay amor más puro. Durante el mes de julio decidí hacer un viaje a Japón. Sentía la necesidad de respirar lejos, de huir por un instante del peso que nos aplastaba. Aunque esta desconexión me aportó la energía que necesitaba, también me llenó un deseo profundo: volver para abrazarlo.

Sin embargo, ese día resultó fatídico para mí. Al llegar a casa, mi madre me contó que había tomado la difícil decisión de ingresarlo en un centro, pues su estado se había deteriorado notablemente durante mi ausencia. Al día siguiente fui a visitarlo. Me miró, pero sus ojos no me reconocieron. Y fue entonces cuando entendí que lo más doloroso no era haber perdido al padre que me daba las buenas noches, sino que él ya no sabía que alguna vez fui su hijo.

DIÁLOGO INTERIOR (MALDITO ALEMÁN)

De Javier Peñalver Moya

—Ya quisiera recordar, pero ni siquiera sé qué es eso. ¿Cómo pretendes entonces que lo haga?

—Recordar (dicen) es volver a vivir. Vivir sin saber quién eres es lo peor.

—Entonces creo que no he vivido nunca. Apenas sé que nací, remota, una vez. Solo veo niebla, túneles y piel. Quizá alguien me esté evocando. ¿Eres tú, mamá?

—¿Qué es una mamá? En el aire leo abrazos, calor de carne, noches infinitas, nanas. Sé que leer es algo difícil que se aprende. Veo espectros con ojos, pelo, risas, lágrimas de hielo y sal. Seres que flotan sin nombre.

—¿Recuerdos? Pero ¿eso qué es? Dímelo por favor, quiero haber vivido.

—No lo sé, yo solo nací, tampoco tengo.

—No les entiendo. Escucho sonidos, veo gestos, no sé por qué, pero sé que son palabras tristes que se escurren perdidas entre bocanadas. Hablan de alguien y lloran desconsoladamente.

—Quizá ellos sepan lo que son... los recuerdos.

A lo mejor son como ecos en el viento, susurros que se desvanecen antes de poder atraparlos. O tal vez ilusiones, trampas de la mente para hacernos creer que existimos más allá del presente.

DIÁLOGO

De María Josefa Gadea Pérez

—¡Cuánto tiempo hace que no te he visto! —dijo Dolores.

—Mamá, estuve ayer, estuvimos paseando por el jardín, te acompañé durante la cena. ¿No lo recuerdas?

Esta conversación se repetía cada vez que Francisco visitaba a su madre en el Centro Especializado de Alzheimer donde estaba ingresada.

—Te encuentro muy animada hoy, ¿a qué se debe?

—Ha llegado un señor nuevo a la residencia, es muy simpático. Hemos jugado al parchís y salimos al jardín, me cogió de la mano, pero me solté enseguida, me daba vergüenza que me vieran mis compañeras o las enfermeras.

—¿Y cómo se llama?

—¿Quién? —dijo Dolores.

—Mamá, me estás diciendo que has conocido a un nuevo compañero con el que saliste a pasear por el jardín.

—¡Cuánto tiempo hace que no te he visto! —volvió a decir Dolores.

Francisco la cogió de la mano y salieron al jardín. Al atardecer, como siempre, jugarían alguna partida al parchís.

DONDE HABITA EL RECUERDO

De Rosario Hernández Martín

Siempre elegía el mismo lugar, junto al ventanal. Desde ahí, miraba en silencio los árboles del jardín. Pero su mirada se quedaba, como detenida, en la mimosa. Estaba hermosa, con ese amarillo que parecía encender todo alrededor. Se quedaba quieta, observándola como si en sus flores hubiera algo más que belleza. Tal vez, recuerdos.

A veces, se pasaba la mano por la cara, como quien espanta el aire. Pero era una lágrima, suave, que caía sin aviso. Ese árbol lo plantaron cuando él murió. Tal vez lo recordaba.

Desde que la doctora dijo «alzhéimer», muchas cosas cambiaron. Pero ella seguía ahí, en sus silencios, en sus gestos, en esa forma de mirar que parecía decir tanto.

Cuando venía su nieto, algo se iluminaba en su rostro. Él le hablaba sin parar, con alegría, sin esperar respuesta. No hacía falta. Ella lo escuchaba con calma, como quien guarda cada palabra.

—Abuela, ¿te acuerdas del poema del abuelo? «Si alguna vez dudas, pregúntale a la luna...».

Y, aunque no dijera nada, sus ojos se humedecían. Porque esas palabras, sencillas y viejas, todavía sabían llegar. Tocaban un lugar secreto, uno que el olvido, por más que lo intente, no puede borrar del todo.

DONDE HABITE EL AMOR

De Marta García Granell

Marta abrió el cajón donde tantas veces había visto a su abuela guardar su cuaderno. Ahora su memoria se desvanecía como las hojas en otoño. Al abrir aquel cuaderno de hojas amarillas, leyó en la primera página:

El día que no recuerde quién soy, recordádmelo con paciencia y amor, no con tristeza. Si me pierdo, no es porque quiera irme; si digo algo que os duela, no es mi voz. La enfermedad y el eco de lo que se desvanece estarán resonando en mis actitudes.

Habladme de aquellas uvas de Nochevieja, del aroma del café que hacía mamá, de momentos y detalles. Habladme con ternura y amor porque ese idioma lo entenderé siempre aunque olvide el significado de las palabras.

Marta sintió un nudo en la garganta. Conteniendo las lágrimas, cerró aquel cuaderno y bajó al salón donde su abuela Consuelo miraba la ventana. Le cogió la mano con ternura.

—¿Recuerdas aquella Nochevieja con las uvas? Siempre te dejabas algunas por comer porque decías que era imposible comerlas tan rápido.

Consuelo no respondió más que sonriendo y abrazando la mano de Marta entre las suyas. El amor acababa de alcanzar aquel rincón donde el alzhéimer nunca lograría llegar.

DONDE VIVE EL AMOR

De Antonio Jesús Carrión Jiménez

Una tarde más, Marcos llegaba a casa de sus abuelos para merendar al salir del colegio. Como siempre, su abuela le había preparado un bocadillo de chorizo, su preferido.

Antes de salir a la calle a jugar, pasó a dar un beso a su abuelo. Cada día que lo veía, este le decía cuánto lo quería, como si el día anterior no lo hubiera dicho lo suficiente. Sin embargo, aquel día parecía distinto. Su abuelo, al verlo, apenas esbozó una sonrisa con la mirada perdida.

Marcos se acercó despacio, con el bocadillo aún en la mano.

—Hola, abuelo —dijo en voz baja esperando una respuesta.

El anciano lo miró traspasándolo y con los ojos humedecidos. Marcos, sin entender del todo por qué, se sentó a su lado y le cogió la mano.

—Soy Marcos…, tu nieto.

El abuelo no respondió. Solo apretó suavemente su mano y, en un susurro tembloroso, murmuró:

—Te quiero.

Marcos no supo si era por él o por un recuerdo lejano que ahora se hacía presente en su memoria. Pero permaneció allí, en silencio, sabiendo que, a veces, amar es simplemente estar.

Porque, aunque la memoria se borre, el amor siempre encuentra formas de quedarse.

EL 29 DE OCTUBRE

De María Isabel Belén Alonso Rubio

¿Cómo imaginar una catástrofe de tales dimensiones? Candela y Sento se cogen por los hombros para salir del agua que lo inunda todo. Exhaustos, salen de la planta baja para subir al piso de arriba. Candela detrás de Sento, que tiene alzhéimer.

Candela ha sabido poco después que son afortunados supervivientes de la terrible dana que ha desolado los pueblos de Valencia y sus gentes.

—¡Qué milagro! —dice recordando las puertas de su casa bloqueadas por montañas de coches, y la falta de ayuda durante tres días...

Pero, a veces, los ángeles no están lejos...

Sus vecinos, Cristina y Javier, que les dan comida por la terraza.

Y Pepe, de Burjassot, que ha venido con su tractor azul y ha apartado los coches.

Sento pregunta por qué no puede volver a casa. La suya. Candela intenta explicarle sin éxito... Tampoco entiende que no debe andar por el barro con zapatillas...

Candela se asoma por la ventana y ve... más ángeles..., miles..., que llegan a ayudar...

«¡Benditas personas!... —piensa—. Millones de gracias...».

Ayudan a tirar sus cosas: sus muebles, su ropa, sus recuerdos..., trocitos de sus vidas.

Meses después, al atardecer, Sento deja sola a Candela... para ir a buscar su casa.

EL AMOR QUE PERSISTE

De Atenea Picó Bárcena

Cada mañana, Joaquín llega a la residencia, se sienta frente a Antonella y le habla con dulzura.

Antonella lo observa con ojos vacíos, como si intentara descifrar quién es. Algunos días le escucha en silencio; otros, le observa con desconfianza. Joaquín no se desanima. Le habla de su vida juntos, de los hijos que tuvieron y los nietos que crecieron.

Duele. Joaquín siente cómo la memoria de ella es un río que se aleja llevándose todo lo que construyeron juntos. Pero él sigue allí, aferrado a la orilla.

Sus manos tiemblan, su voz se quiebra. Pero Joaquín traga el nudo en la garganta y le sonríe.

Una tarde, cuando el sol tiñe de dorado la habitación, Antonella frunce el ceño, como si tratara de atrapar un recuerdo.

—Joaquín... —susurra.

Él siente que el mundo se detiene. Se aferra a ese instante, a la chispa de reconocimiento que brilla fugaz en sus ojos.

Una sonrisa tenue se dibuja en el rostro de Antonella, como si por fin encontrara un rincón seguro en medio de la niebla.

Dura solo un par de segundos. Su mirada vuelve a perderse.

Pero Joaquín no se rinde. Aunque el olvido robe sus recuerdos, el amor persiste. Y por eso, él seguirá volviendo.

EL BALÓ ENCARA RODA

De Carmen Soucase Furió

Em miren com si haguera oblidat tot. No puc parlar per dir-los que sí, que encara els recorde. Esclaten esclats de llum dins la fosca. Este malestar m'enganxa dins meu. Les ombres parlen, però no entenc què volen. No puc moure'm. Sent, però no comprenc.

Em diuen que descanse. Però què vol dir *descansar*? Una veu repeteix un nom. No sé quin. Les veus m'ofeguen i em pesen com si em taparen amb terra.

No sé quan va ser. Vaig vore una ombra corrent darrere d'una altra i, de sobte, em tornà una imatge: jo jugava a futbol. Les meues cames volien córrer darrere del baló... i, en aquell instant, ho feien. Volava. Era lliure. Era jo. Després, res. O potser un somni. Ara, no sé què era.

Una ombra em dona la mà i em calma. Sent una veu:

—Adeu, iaio. Ja ens n'anem. Descansa.

Qui se'n va? No ho sé. Només sé que em pesa el cos com si no fora meu. I, darrere dels ulls tancats, el baló encara roda, perdut..., com la meua memòria, que no sé si tornarà a mi.

EL COSTAT POSITIU

De Ricardo Chordá Carballo

Vaig acompanyar al meu pare a la psiquiatra, i ella li va fer una pregunta molt simple:

—Qui és la persona que li ha portat ací?

Ell es va girar per a mirar-me a la cara i no va saber respondre.

Aquell dia la nostra vida ja no va tornar a ser la mateixa, encara que ja érem conscients del problema, sols després del diagnòstic mèdic el vam veure en tota la seua dimensió. A casa es feien llargs silencis com si ens negàrem a acceptar aquell problema. I si eixe era el destí d'alguns de nosaltres?

Allò va tindre un costat positiu, els nostres esquemes mentals van canviar a poc a poc, ara buscàvem gaudir més de la vida, centrar-nos en les coses que realment importen: la família, els amics, el contacte amb la naturalesa. Em vaig tornar més sociable i la meua família va dir que havia canviat a millor. Un dia, caminant al costat d'un riu, em vaig detindre a contemplar el crepuscle carmesí esguitat de tons blaus; era una cosa meravellosa que mai em detenia a contemplar, i em vaig dir a mi mateix que la vida és una cosa que hem d'aprendre a valorar.

EL EXTRAÑO

De María Teresa Soler Sánchez

Hay un hombre frente a mí y me mira fijamente. No se mueve ni gesticula, pero sus ojos se desgañitan: dos cavidades yermas y oscuras me traspasan. Me miran, pero no me ven. Ha llorado y una legaña amarilla y macilenta salpica su lagrimal derecho. Su pelo, áspero y ensortijado, está piojoso. Tiene el morro torcido y se le cae la baba. Se ha rascado un grano en la nariz y tiene restos de pus y de sangre coagulada; además, moquea. Todo él huele a heces. Chepado, decrépito y enjuto, comienza a tambalearse. No sé qué quiere hacerme. Finalmente me vomita encima. Restos varios (bilis, alcohol, comida rancia y algún tipo de medicación que no sé concretar) salpican mi jersey de cachemira. Con el dedo índice cojo un poco y lo chupo para saber de qué se trata:

tengo que estar preparado. «Tiene alzhéimer», escucho. Súbitamente me reconozco en el espejo y un instante de lucidez me sobrecoge y derrumba el mundo sobre el que antes me sostenía. Un líquido caliente recorre mi entrepierna y me estremezco. No existe mayor terror que no saber quién eres.

EL FARO ENCENDIDO

De Rocío Llamas Castro

—Mamá, ¿te acuerdas de mí? —Silencio.

Sus ojos me miran, pero no me ven. O tal vez sí, pero desde muy lejos. Como un náufrago que observa tierra firme... sin poder alcanzarla.

—Yo era la niña de los cuentos antes de dormir. La que se dormía en tu regazo, la que lloraba cuando tú llorabas. ¿No te suena mi voz?

Ella parpadea.

No habla.

Pero una lágrima cae. Me aferro a eso.

Una lágrima es una señal. Un susurro del alma.

—Dicen que tu memoria es un océano oscuro, que hay días en los que naufragas. Pero yo estoy aquí, ¿sabes? Soy tu faro. Y mientras me recuerdes, aunque sea por un segundo..., no te has perdido del todo.

Ella sonríe.

Apenas un gesto. Pero es real.

—Te espero cada día, mamá. No importa cuánto tardes en volver. Porque el amor no se olvida. Solo se esconde.

Y entonces, lo dice.

Apenas un suspiro. Apenas un murmullo:

—Hija...

Me rompe por dentro.

Y me reconstruye también.

EL JARDÍN

De David Porter Martínez

Hoy ha venido a verme mi chica. Cogidos del brazo, paseamos por este pequeño jardín. Una abeja llega buscando flores, zumba frente a nosotros y se aleja indiferente. Continuamos sin prisa entre los árboles y su perfume. El olor de los naranjos marca la llegada de la primavera. Inunda las calles del pueblo como el piar de las golondrinas allá arriba, entre nubes que solo ellas saben hacia dónde se dirigen.

Sonriendo, me cuentas tus cosas mientras me aprietas más fuerte, y tu contacto me contagia esa alegría que siempre va contigo. Soy feliz a tu lado, eres todo lo que alguna vez soñé.

Pero también hay algo oscuro en este paraíso, una especie de nada incolora, amorfa; una mancha que parece agrandarse en la sucesión de mis días. Lenta, entorpece nuestras palabras y silencios. Con dedos invisibles araña este pequeño rincón bajo el sol haciendo desaparecer una parte cada vez.

Algo en mi mirada hace enturbiar tus bonitos ojos. Algo en mis palabras trae la duda a las tuyas.

—¿Papá? —dices.

Y esa oscuridad se hace fuerte alrededor, se lleva tu imagen cargada de amor hacia mí dejándome solo..., perdido sin ti.

EL LAGO Y LO SECO

De Mónica Gómez Puerta

Las palabras se deshacen sin significado y sin remedio según llegan al lago de mi cabeza. Aunque asiento para que no se enfade —lo intuyo, se va a enfadar conmigo, se enfada con facilidad—, «Guarda eso en la nevera» se transforma, sin que pueda retenerlo ni distinguirlo, en «Gobierna cestas en su nieve»; y, cuando voy a gobernarlas, en el mismo pasillo, las cestas no están y busco sin tregua. En el buscar, hace aguas lo que estoy buscando.

Y ella cree que lo hago adrede, o para fastidiarla, y me dice:

—Papá, por Dios, si no usas la memoria, por lo menos usa el sentido común.

Asiento, pero enseguida me pregunto a qué venía eso del sobrio *cajún*...

Y se enfada.

Y, cuando el lago de mi cabeza está más seco, le pido perdón. Y luego, de nuevo, no sostengo lo que me dice.

Y se enfada.

Y le pido perdón.

EL PODER DEL ARTE

De Alejandro Llach Bellés

Hace tiempo que las ventanas de mi ser yacen borrascosas, la fuga interminable de recuerdos me abruma en ciertas ocasiones y me aparta de la cotidianidad vacía e intrínseca. El olor ácido de los frascos de pintura me traslada al valle donde habitan mis colores, bailan y ríen libres por los fugaces senderos de mi cordura. Como si de un milagro se tratase, un torrente lumínico me arrastra a la tela vacía y blanquecina, mil formas articulándose se contorsionan ante mi atónita mirada seduciéndome e impulsándome a representarlas de la mejor manera posible. Mis dedos temblorosos danzan con armonía sobre el telar evocando ante mi presencia que estoy vivo y presente y, aunque el reloj se empeñe en apartarme, sigo siendo válido como persona y, más importante aún, como artista.

EL TESORO DE JOSEP

De Álvaro Ruiz Terrón

Cada mañana, Josep abre el mismo libro. Tiene las páginas gastadas y manchas de gotas entre sus hojas. Dice que es su tesoro. Lo lee con devoción, aunque ya no entienda los párrafos como antes.

—Este verso me lo escribió ella —murmura mirando la dedicatoria con una sonrisa quebrada.

A su hija le tiemblan las manos al verlo así. Quiere decirle que esa «ella» fue su madre, que ya no está desde hace años. Pero no lo hace. Prefiere sentarse a su lado y leer con él, aunque él vuelva a preguntarle quién es una y otra vez.

Cuando ve a sus nietos jugar en el salón, los observa en silencio. No siempre recuerda sus nombres, pero sabe que los quiere.

—¿Dónde está la mujer que me escribió este libro? —pregunta. No recuerda su nombre, pero no duda de que la ama.

«¿Cómo puede olvidar su nombre y no el amor?», se pregunta su hija al abrazarlo en silencio.

—Ah, ya recuerdo... Mi tesoro está aquí —dice Josep señalándose el corazón. Porque la memoria se desvanece, pero el amor siempre encuentra dónde quedarse.

EL VUELO DEL YAYO

De Francisco Javier Parras Álvarez

Todas las mañanas, despierto al abuelo con un beso en la frente. Sonríe y muestra sus muelas desgastadas. No dice nada. Luego, se diluye como una pompa de jabón y escapa junto con el humo de las brasas por la boca de la chimenea. La yaya se queda en el jardín contemplando su huida mientras desagua la pena amarga en las ramas del viejo sauce que un día plantaron juntos. El abuelo asciende hasta las nubes enredado entre remolinos de hojas y pasa el día cabalgando el cielo a lomos de un águila de pico blanco y plumas multicolores. Mi padre lo observa con gesto preocupado mientras prepara la comida, pero el abuelo no se inmuta: continúa soplando contra los molinos de viento. Mi padre termina de trocear las verduras. El yayo dibuja piruetas imposibles con los delfines en el mar y se transforma en espuma cuando explota contra la arena de la playa. A mí me salpican las olas, y la abuela esconde una sonrisa debajo de la lengua. Al anochecer, desciende hasta mi casa para posarse sobre su cama y, al día siguiente, lo vuelvo a despertar con un beso en la frente.

EL ABRAZO DE LA MÚSICA

De Raúl Sánchez Martínez

El ruido en la habitación era abrumador. No entendía por qué su corazón latía tan rápido ni por qué las sombras parecían moverse a su alrededor. Se sentía atrapado, como si una tormenta rugiera dentro de él. Gritó, pero las palabras se perdieron en el aire.

De repente, una figura apareció. Era un rostro desconocido, pero había algo en su mirada que parecía amable. Sin decir nada, la persona puso un pequeño aparato en la mesa y presionó un botón.

Las notas de una melodía suave comenzaron a fluir. Al principio, la confusión lo mantenía tenso, pero, poco a poco, la música lo envolvió como un abrazo cálido. Las sombras se desvanecieron y su respiración se calmó.

«Esa chica desconocida me ha llevado a un lugar de paz donde la tormenta se convirtió en un suave susurro». Cerró los ojos y dejó que las notas lo guiaran, sintiendo cómo la inquietud se deslizaba lentamente dejando espacio para la tranquilidad.

Su hija sonreía y lloraba por igual.

EL BUCLE INFINITO

De Silvia Climent Llorente

Podríamos pensar que todo acaba cuando tu cuerpo se va, aunque tu esencia permanezca, pero ¿qué pasaría si tu cuerpo sigue ahí y es tu esencia la que desaparece? Se convierte en una cárcel, sin ventanas y sin luz. Ya no estás, aunque el cuerpo sí, tu «yo» realmente no se encuentra allí. La mente es tan compleja que ninguno es capaz de comprenderla y, cuando parece que la entendemos un poco mejor, podemos perderla repentinamente.

Tal vez un día seas tú o incluso sea yo quien afirme con extrañeza «Qué despiste tengo...». Y abrumada con sufrimiento, dudas y mucho miedo, de pronto todo desaparece, se vuelve negro de nuevo y vuelta a comenzar. El bucle que empieza, pero no sabes cuándo terminará..., el bucle sin fin de la cárcel mental.

EL ECO DE LA VIDA

De Isabel Giménez Zuriaga

Hoy me he pasado a verte. Te gusta que te lea en voz alta. Pasamos la tarde juntas y vemos cómo va cayendo la luz del sol avisándonos de la hora en la que me tengo que marchar. Siempre me dices que el libro te ha gustado y me sonríes.

Hace años, en el club de lectura, hablábamos de cada libro y solíamos opinar de forma diferente. Nos separaban las vivencias, la educación y la edad. Tú solías tomar notas, a mí no me hacía falta. Hoy hablamos del tiempo, las hojas de los árboles, recetas y trucos de cocina mientras anoto tus consejos. El tiempo nos abraza.

Hace años, para nosotras era muy importante la precisión en el lenguaje; ahora, sin embargo, me has dejado sola en el empeño. Te quejas de lo distraída que te has vuelto, y confías en los que te rodean. Me gustaría envejecer con tu dignidad y conservar la serenidad ante las renuncias que probablemente tendré que aceptar.

¿Te acuerdas de cuando leíamos juntas a Saramago? Él nos avisaba, con la osadía del autor capaz de enfrentarse al paso del tiempo, de cómo el eco de la vida se repite sin cesar.

ESTOY CONTIGO

De Gloria Tamarit Lloret

¡Hola, tú!, permíteme que te hable de tú, ya que no mereces la distinción de usted. Sí, tú, aquel que se esconde y habita en la mente de ciertos elegidos, aquel que les despoja de su esencia y su ser, no mereces esa distinción tan ilustre. Les vas despojando poco a poco de los recuerdos y habilidades sin darles opción a defenderse. Pero ¿sabes qué? Que cuando tú borres todo rastro de mí, yo voy a estar ahí para que me mire aunque no me vea; cuando le quites las palabras de la boca, yo hablaré por ella; cuando se pierda, yo estaré allí para alcanzar su mano. Te sientes vencedor, pero, óyeme bien, en algún momento seré yo la que se siente y observe tranquila tu caída. Algún día esos héroes de bata blanca acabarán contigo, te borrarán y sufrirás en tus propias carnes el mismo destino que muchas personas a las que has arrebatado la vida. Y ese día sonreiré, alzaré la vista al cielo y susurraré «Va por vosotros». Y ahora, mientras aún habitas entre nosotros, yo estaré ahí para decirle firmemente a esa frágil víctima: «Estoy contigo».

FARO Y PUERTO SEGURO

De Aliser Andreina Andrade Muñoz

Siempre le tuve miedo al mar. En mi niñez, subía al faro del pueblo y me preguntaba: «¿Dónde empieza y dónde termina?». La inmensidad me sobrecogía, pero, aun así, podía pasar horas allí y recibir a la noche. Ahora siento que mi mente es un mar profundo: a veces en tempestad, a veces en calma.

Me siento como pescador en alta mar. Lanzo el anzuelo para pescar recuerdos: a veces pesco, otras no. El pescador siempre piensa que en casa le esperan con los peces. Aunque no es así, en casa solo esperan verle llegar. Algunas noches, mi barca ha sido arrastrada por las olas, perdiendo la dirección deseada. Pero un niño asustado me guía desde el faro del pueblo.

Ese niño soy yo porque aún me tengo; no quisiera perder esa habilidad. Sé que, si un día aparezco sin la caña, en casa me tejerán una red. Si mi barca naufraga, me van a buscar o me enviarán cartas en una botella de cristal. Tengo alzhéimer y tengo otros faros que me guiarán cuando el mío deje de hacerlo. Por ahora escucho caracolas, no cantos de sirenas. Te pido ser faro y puerto seguro para otros pescadores como yo.

FOTOGRAFIES

De Fina Duet Castelló

L'avi ha despertat content de la migdiada, porta a la mà una foto que enarbora com un estendard:

—Pilar, que guapa ets ací i que enamorat em tens —m'ha dit sense arribar a seure al meu costat al sofà.

—Pare! Vine que tinc preparat el teu berenar —l'ha interceptat la meva mare des de la cuina.

—Ja vaig, sogra! —li ha respost—. Oroneta, així que ens casem, a la teva mare la vull lluny. —Mirant-me, picant l'ullet i llançant-me un bes a l'aire amb la fotografia.

—Núria, portes molta estona de cara a la pantalla…, els deures d'avui, què? —m'ha marmolat la meva mare.

He anat a buscar el meu berenar i deixat sobre la taula de la cuina la fotografia que he recollit del terra.

—Qui són? ¡Que bonica és ella, i ell que templat! —balbuceja l'avi amb la boca plena de galeta.

—Molt guapos tots dos —li responc.

Li faig un bes al front abans d'anar-me'n a fer els deures. S'ha quedat cavil·lós, insistint a la meva mare que li diga qui són els de la fotografia.

HOJAS SECAS

De Llum Ripoll Corella

En mi patio esperan, secas, un montón de hojas. Caen del árbol que plantamos los dos. Compramos palas, lo sembramos en la tierra y yo todos los días lo regaba y me aseguraba de que le diese el sol. Crecía él y crecíamos nosotros.

Una mañana, cuando vinieron las nubes negras, las cogí desde el balcón. Las até con una cuerda para impedir que sus rayos necios quemaran un árbol crecido con tanto amor.

Levanté muros contra vendavales, aprendí meteorología, compré, de todo el mundo, los mejores fertilizantes y arrasé con todo aquello que amenazaba con romper mi árbol.

Pero pasó el tiempo y llegó el otoño. Y nosotros, que nunca habíamos pensado que nuestro árbol pudiese perder sus hojas, las perdió. No había viento, no había truenos, y nadie vino y las arrancó.

En mi patio esperan un montón de hojas secas. Y yo odio el otoño desde que llegó. Pero te veo regarlo cada mañana cuando sale el sol, aunque hace años que no es el mismo. Y ahí mismo, apoyada en su tronco, nos recuerdo a los dos.

HUELLAS

De Andrea Deltoro Rubio

El mar en calma. Un caos. Una tormenta. Una sala blanca. Voces. Una habitación apacible con fotos y figuras de viajar. Un libro abierto. Una puerta que no consigo abrir. La certeza. El miedo. Un sitio que no reconozco. Un día jugando a las chapas en el pueblo donde me crie. Una pregunta. La misma pregunta. Un despiste. Ruido. Fiestas de guardar. Un cambio y un enfado. Impotencia. La curiosidad de quien mira por primera vez. Tristeza. A veces nada. Desconcierto.

Y, en medio de todo eso que ahora es mi cabeza, unas huellas de pisadas, unas manos que me sostienen y una voz que me dice: «Quizá hoy no recuerdes a dónde vas, pero yo no olvido de dónde vienes, ni de quién eres».

INQUIETUDES Y DESVELOS

De Aurora Rapún Mombiela

Mi mujer está rara. Cierto es que nos hacemos mayores y que la memoria ya no es la que era, pero últimamente hace y dice cosas que me chocan demasiado. Como ese corte de pelo tan moderno que se ha hecho. No es propio de ella. Se empeña en que tengo que acompañarla a su casa porque aquí no puedo seguir solo. ¿Pero cómo que a su casa, y esta de quién es? ¿Y cómo que solo? Si estamos los dos como siempre. Luego, me viene con que no me aseo bien, que necesito ayuda. ¿Pero quién me va a tener que ayudar para ducharme? Puede que algún día se me haga tarde y lo deje para el día siguiente, pero no me parece que sea para tanto. Al fin y al cabo, casi no salgo. ¿Con qué me voy a ensuciar? Y luego me dice que la casa está hecha un desastre. Pues algo tendrá que ver ella también, le contesto, que aquí somos dos. Y, para colmo de los colmos, y esto sí que me parece realmente preocupante, es que no hace más que lloriquear por las esquinas y llamarme papá.

¿JUGAMOS?

De Lourdes López Juárez

Mis pasos resuenan por el pasillo. Las señoras de bata blanca me sonríen al verme pasar, pero no les hago caso. Yo solo sigo el olor a lavanda. Sé que me llevará hasta ella. Por fin, llego a la puerta que busco. Seguro que está aquí. Giro el frío pomo. La puerta se entreabre con un chirrido suave. Me asomo tímidamente al interior.

—¿Mamá?

No, solo hay un señor durmiendo. Vaya.

A mamá le gusta mucho jugar al escondite conmigo. Siempre me deja pistas para ayudarme a encontrarla: su colonia de lavanda, el sonido de su voz tarareando alguna canción...

Cierro de nuevo la puerta y sigo caminando hasta el salón. Mamá suele bordar aquí, pero hoy su mecedora está vacía. El olor a lavanda también se ha ido.

Pregunto a las niñas sentadas en los sillones. Muchas parecen no oírme y otras balbucean cosas sin sentido.

¿Por qué mamá no me deja más pistas? ¿Por qué no quiere que la encuentre? ¿Se habrá enfadado conmigo? Si yo solo quiero abrazarla... Una de las señoras de bata blanca me ve llorar y viene hasta mí.

—Doña Carmen, su mamá no está aquí. Venga conmigo, la llevaré a su habitación.

JUGANDO AL ESCONDITE

De M.ª Laura Mata Román

Los niños corretean rodeando el jardín, se esconden detrás de los naranjos y entre las ramas «pinchosas» de las buganvillas, incluso detrás de Obdulia, que dormita en la gastada mecedora, al fresco, en la terraza porticada de su hogar.

Mira a sus biznietos; sonríe bobalicona, se levanta y camina torpemente hacia la casa.

—¿Habéis visto a la bisabuela?

—No, hace un rato estaba en la mecedora.

Su hija corre a la piscina, respira hondo, allí no está. Baja al huerto, el que tanto cuidaba; entre sus plantas era feliz, y puede que aún lo sea. Va al gallinero, donde disfrutaba dándoles de comer y cogiendo los huevos del nidal.

—Ayudadme a buscar a la bisabuela, por favor —les pide a sus nietos con los ojos húmedos y un ligero temblor en los labios.

Mira en las habitaciones, la cocina, la despensa... Va al dormitorio de Obdulia, busca detrás de la puerta, ve ropa en el suelo. Le tiemblan las manos cuando abre el gran armario de madera.

—Madre, cierra, estoy jugando al escondite con mis hermanos y no quiero que me encuentren —le dice con un destello de vida en sus ojos.

LA CUERDA DEL CORAZÓN

De Pilar Gómez Lloria

Le tendía una cuerda para que no cayera, la sujetaba tan fuerte que me dolían las manos y ella iba soltando las suyas sin apenas darse cuenta.

Recurría al cariño, a palabras de amor, le narraba recuerdos compartidos, anécdotas cómicas para que la hicieran reír. Invertía los papeles, yo era la madre y ella la hija, cualquier cosa para que no pensara en escapar. Pero no era suficiente porque su deseo de huir del presente desconocido aguzaba sus sentidos y se hacía tan lista como si fuera otra, y entonces me la jugaba. Y vuelta a empezar.

Comprendí que sus recuerdos se iban borrando hasta quedar como un lienzo en blanco en el que yo intentaba pintar con colores los momentos del pasado.

Y, ante la impotencia, no sabía qué más hacer, solo besarla, cogerle la mano para que viera que eran igual que las mías y que ese amor que siempre me había tenido fuera suficiente para hacerle volver.

LA ESENCIA

De Beatriz Page Melero

Es tarde, los niños ya están en la cama y yo sola, en silencio. Recuerdo los días luminosos en el pueblo cuando mi madre era vital, activa. Sonrío aun siendo consciente del dolor que me produce saber que va experimentando las consecuencias de tener alzhéimer. Este proceso sirve para darme cuenta de que al final solo nos queda lo imprescindible: la esencia.

Reflexiono y valoro lo que tengo. Pido tener memoria para lo bueno, para que pueda guardarlo en una estantería de fácil acceso a la que siempre sea capaz de regresar. Me doy cuenta de que de mi madre ahora queda lo más puro: ella misma, sin más. Me dirijo a su habitación. La descubro sentada en el suelo, iluminada por una luz cálida, esa calidez que solo sabe dar el sol de invierno. Está rodeada de cajas y de desorden. En sus manos sostiene con cariño y delicadeza un álbum de fotos y ella sonríe. Me agacho y me emociona saber que está viendo fotos de cuando nosotras éramos pequeñas.

—Esta es la primera vez que tú sola montaste en bicicleta, ¿te acuerdas? Yo no lo olvidaré jamás —me dice convencida.

—Yo tampoco lo olvidaré —le contesto frágil.

LA MUJER DE LAS FOTOS

De María Jiménez Sanz

Cada noche, Miguel revisaba el viejo álbum de fotos que con tanto cariño guardaba en su mesita de noche. En cada imagen podía reconocerse a sí mismo, más joven y sonriente, antes de que el alzhéimer apareciera en su vida. A su lado siempre salía una mujer de sonrisa dulce.

Miguel no recordaba quién era esa bonita mujer, pero sentía que debería saberlo.

—¿Quién es? —le preguntaba frecuentemente a su cuidadora.

—No lo sé, Miguel —le respondía ella con una sonrisa triste—. Debe haber sido alguien importante, alguien que seguro te quiso muchísimo.

Miguel seguía pasando las páginas del álbum y observando las fotos con detenimiento, acariciando cada imagen de la mujer con cariño, aferrándose a la sensación de que esa dama le importaba más que nadie. Pero los recuerdos no volvían.

Lo que él no sabía es que la mujer de las fotos estaba a su lado, quien él creía que era su cuidadora no era otra que su esposa, su novia de toda la vida. Y cada noche, cuando él olvidaba quién era, ella callaba porque prefería cuidar de él como una desconocida antes que recordarle el dolor de haberla olvidado.

LA MÚSICA DE LA ETERNIDAD

De Jeremías Guliotti

Cada día era una nueva despedida, una lenta desvinculación de los recuerdos que alguna vez lo definieron. Olvidaba los nombres, los rostros, los caminos del hogar dentro de su propia casa.

A veces, un destello de claridad le devolvía por un momento la imagen nítida de su esposa, de sus hijos, de sus nietos. Pero de pronto, esas imágenes se desvanecían en la niebla de su mente, dejándolo de nuevo en el vacío.

Sin embargo, en la esquina del salón, dormía un piano. Y, cuando sus dedos temblorosos rozaban las teclas, no había olvido, no había miedo. Solo música.

Las notas fluían como si vinieran de otro tiempo —uno intacto— y, mientras tocaba, sus ojos se llenaban de luz. Don Antonio no recordaba quién era, pero sabía cómo sonaba su alma.

Su enfermedad le había robado muchas cosas, pero no el amor profundo que aún sentía en su ser. Cada sonrisa, cada caricia de su familia era un ancla en su mundo cambiante, un pequeño faro de luz en la creciente oscuridad. Y en ese mundo absurdo y oscuro, la música era lo único que le permitía expresar todo lo que las palabras ya no.

Y en esa música, todo era eterno...

LA TRIBUNA DE LAS ARENAS

De Jorge Juan Codina Ripoll

El capitán se alarmó ante el estruendo, el olor a pólvora y las voces guturales que coreaban consignas. Bagdad, 2004.

Una columna avanzaba bajo el sol: soldados con túnicas oscuras, fusiles al hombro y el acero de sus alfanjes resplandecientes. Su instinto de oficial de inteligencia procesó la escena con precisión táctica: elementos hostiles en formación de ataque.

«¡Quieren flanquearnos por el este! ¡Necesito contactar con la base Tango!». Sus manos temblorosas buscaron el transmisor en el bolsillo de la camisa de lino empapada en sudor.

Unos dedos entrelazaron los suyos. Cálidos. Reales.

—¡Papá! —La voz atravesó la neblina del tiempo—. Estamos en la avenida. Respira.

Elena acunó entre sus manos el rostro del anciano y lo miró a los ojos para anclarlo a un presente que se escurría como arena entre los dedos.

—¿Lo ves? Es la entrada de moros y cristianos de cada año.

Por un instante, la bruma se disipó. Desde la tribuna, el capitán contempló la Elda pacífica, los comparsistas ataviados que su memoria había transformado en enemigos.

—Las arenas del desierto vuelven a ratos —susurró con lucidez fugaz—, igual que mis recuerdos.

Se abrazaron, centinelas contra las tormentas del olvido.

LA ÚLTIMA INVENCIÓN

De Vicente Bono Godoy

A Antonio ya no lo sostenía el cuerpo, sino una sombra que respiraba por costumbre. Había olvidado el tacto del agua, el nombre de su mujer, el uso del cuchillo. Pero aquella tarde, con la luz colándose por la cortina, murmuró:

—¿Te acuerdas, hijo? La tarde del faro, cuando robamos dos horchatas y corrimos como si nos persiguiera el mundo... El vendedor de cañas que cantaba boleros desafinados... Mamá con los zapatos en la mano, riéndose como si nadie mirara... Tú enterrando un reloj en la arena porque dijiste que el tiempo sobraba...

—Sí, papá. Claro que lo recuerdo —dijo, sin corregirlo, con las lágrimas detenidas en el borde de los ojos.

Quizá lo soñó o quizá no. Da igual. Antonio ya no recordaba: tejía escenas con retales del alma, como si imaginar fuera su último acto de rebeldía contra el olvido.

Y, cuando el aliento se le deshizo en el pecho, no se llevó la vida: arrastró lo que fue, lo que nunca fue y lo que pudo haber sido.

Pero dejó algo inmenso: una historia que no necesita ser cierta para ser inolvidable. Porque a veces el alzhéimer no apaga la mente. Solo la deja libre.

LA VOZ DEL RECUERDO

De Luis Auñón Muelas

—Alzhéimer —había diagnosticado el doctor—. No recuerda a quienes conviven con ella ni sucesos ocurridos recientemente. Sin embargo, recordará hechos lejanos.

La confusión conmovió a Juan. Se estremeció de angustia, pero, al mismo tiempo, sintió una extraña satisfacción: ya no volvería a rememorar la trágica muerte del hijo; no se levantaría sobresaltada en medio de la noche entre lamentos, gritos angustiosos, agitaciones, escalofríos y temblores de ansiedad.

Antonia permanece inmóvil con su cabecita nevada inclinada hacia el fuego de la lumbre. Contempla a su hijo Miguel jugando con los otros niños. Corre entre trigos amarillos bajo un cielo azul plagado de pájaros por campos henchidos de silencio...

—¿Tienes frío? —le pregunta Juan—. Pero no brotan palabras de su boca. Entonces, Juan se da cuenta de que Antonia no tiene frío porque ya no está allí.

En su lugar, al lado de la lumbre, solo queda un cuerpecillo enjuto y apagado. Aquel cuerpecillo débil que se fue apagando lentamente tras la muerte del hijo. Sus manos solo acarician una calavera blanquecina, como una nevada de invierno, pero sin vida. Aunque Juan sabe que, en realidad, lleva muerta desde aquel nefasto atardecer en que trajeron al hijo muerto.

LA A QUE TODO LO DECÍA

De Ana M.ª Salguero Hernández

Mamá siempre tenía prisa: caminaba rápido; hablaba deprisa; olvidaba llaves, fechas, rostros.

Yo también corría: correos electrónicos, reuniones, listas, alarmas. Vivíamos en paralelo, unidas por el deber del día a día y separadas por el tiempo.

Una tarde, al verla escribir en su cuaderno, me detuve. Solo una letra: A. Nada más. Ni palabras ni frases. Solo esa letra, temblorosa y solitaria.

—¿Qué escribías, mamá?

Me miró como si buscara en algún rincón de su mente una respuesta que ya no estaba. Y entonces, con voz suave, como si se hablara a sí misma, susurró:

—Solo me acuerdo de la A...

El mundo se detuvo. Entendí que no eran prisas lo suyo. Era miedo. Confusión. Era su forma de resistirse al olvido, de gritar sin alzar la voz.

Desde aquel día, frenamos: caminamos despacio, miramos el cielo y respiramos, porque el tiempo ya no corría para ella. Y yo decidí quedarme a su lado, en esa A que todo lo decía, y que ella, en el fondo, también lo sabía: la A de Alzhéimer.

LA CASA SUMERGIDA

De Thais Montolio Bachero

Al principio eran solo pequeños olvidos: un nombre que no acudía a su boca, una llave olvidada en el cajón equivocado. Pero las grietas crecieron, como la humedad en las paredes de una casa abandonada, hasta que todo lo que fue sólido empezó a hincharse, a deshacerse.

Ahora la veo caminar entre los muebles como quien explora una ciudad submarina, tocándolo todo con los dedos para adivinar su forma, su sentido, su nombre. A veces se detiene frente a mí sonriendo como se sonríe a un desconocido en una fiesta: con educación, con una ternura desconectada de cualquier recuerdo verdadero.

Yo respondo al gesto sin esperar reconocimiento, como quien lanza mensajes en botellas a un mar que ya no sabe leer. Y mientras ella se hunde, centímetro a centímetro, yo aprendo a nadar en su ausencia, en este naufragio lento que nadie ve.

LA ETERNIDAD DEL CORAZÓN

De Rafael Ruiz Soberbio

Jacinto se sentó a la mesa como cada mañana. El sol se encendía al alba y aquella chica, Natalia, le servía el café como a él le gustaba: casi hirviendo. Aunque esta vez, la sensación del calor en sus labios no le gustó demasiado.

—Papá, si está muy caliente, espera a que se enfríe un par de minutos. —«¿Papá?».

La miró con desconcierto, pero al ver su ondulado cabello castaño lo supo: «Hija».

Brevemente dio un repaso a toda la cocina: el tono de las baldosas; la distribución de los fogones; la vista desde las ventanas; la mesa, excesivamente grande. En frente, Natalia, su hija. A su derecha, un extraño vacío.

Con la mirada perdida hacia su lado derecho, Jacinto se acabó encontrando.

En ese preciso instante, una lágrima se deslizó por su mejilla, hasta caer en la portada del periódico.

«María, cariño mío, te echo de menos».

—¿Cuánto tiempo ha pasado desde que se fue mamá, Natalia?

—Dos años, papá.

—Y dime, ¿ya la he olvidado?

—Bueno, tu cabeza la olvida a menudo. Pero... ¿qué importa eso, papá? Lo que para la mente es fugaz, para el corazón es eterno.

LA LIBRETITA

De María Rosario Blasco Juan

Llegó a casa, se duchó y se puso ropa fresca. Antes de cenar, recogió las prendas que se había quitado e hizo un repaso por los dormitorios. Vio la camisa de su marido. Antes de echarla a lavar, revisó los bolsillos. Allí encontró la libretita.

Pepe era poeta aficionado. Nunca fue a la escuela, pero amaba las palabras a fuerza de leer y, sobre todo, de escribir poesía.

Llevaba siempre su libretita de papel cuadriculado y un minúsculo lapicero desgastado para guardar cada idea que más tarde convertiría en poema. Admiraba el estilo de Miguel Hernández. Ambos contemporáneos; hijos de una época difícil.

Tiempos ingratos para espíritus sensibles.

Amparo solía revisar sus escritos con criterio y cariño.

Era perfeccionista y académicamente más cultivada.

Curioseó las anotaciones y algo llamó su atención: aquella letra tan reducida.

En la libretita no cabían grandes trazos, ¿pero…?

Él había pasado de leer novelas a relatos breves, más tarde artículos de periódico, porque no recordaba lo que había leído el día anterior. No dijo nada, quizá no se dio cuenta o prefirió ignorarlo.

Antes de cumplir sesenta había comenzado su declive. La letra diminuta, dijo el doctor, era otro síntoma.

LAS BALDOSAS DEL MERCADO

De Miguel Ángel Sánchez Romero

Cada mañana, Ramón compraba azafrán en el Mercado Central. Lo hacía desde que a Lola le diagnosticaron la enfermedad, aunque ya no cocinaba paella. «Para que no olvide el olor», mentía, escondiendo sobres vacíos en su bolsillo.

Valencia ardía en julio cuando Ramón la llevó a pasear por el Turia. Lola se detuvo frente a los azulejos de la Almoina.

—¿Esto es la estación del Norte? —preguntó acariciando las cerámicas como si fueran mapas.

Él no la corrigió: recordó cómo, décadas atrás, ella le enseñó a leer la ciudad en sus baldosas.

Ahora eran grietas en su memoria las que dibujaban caminos nuevos. En las noches, Lola confundía el rumor de la fuente de la catedral con el mar Mediterráneo. Ramón servía horchata en vasos de barro fingiendo no ver cuando ella llamaba «papá» a su reflejo en el cristal.

Una tarde, encontró el alféizar lleno de azulejos rotos. Lola los había despegado de la cocina creyendo que eran fotos en blanco y negro.

—Mira —susurró mostrando un trozo de loza azul—, esto es el instante antes de que nos conociéramos.

Ramón lloró entre las baldosas perdidas sabiendo que Valencia entera cabía ya en aquel fragmento.

LAS HORAS DEL PARQUE

De José Vicente García Torrijos

Sentada en el parque, Alicia pasaba las horas absorta en su mundo hueco. A su lado, un hombre le habló con una familiaridad que la sorprendió, contándole de una casa con paredes azules, de un perro llamado Bruno y de un primer beso bajo la lluvia. Ella lo escuchaba con esa sonrisa tímida que a veces le brotaba sin razón.

—¡Qué bonito! —le dijo—. ¿Son de verdad?

Asintió sonriente, aunque roto por dentro. Como se rompía cada día, sentados en el mismo parque. Porque sí, esa casa era la suya, y el perro, y ese primer beso bajo la lluvia, hacía cincuenta años.

Cada tarde insistía en contarle su historia, la de un amor profundo que su mente iba deshilachando. Pero había momentos…, como cuando tarareaba alguna vieja canción y sus pies seguían el ritmo, intacta su memoria muscular.

A veces, lo miraba con ojos brillantes y susurraba su nombre. Él entonces agarraba su mano como si todo estuviera bien, como si el tiempo se hubiese detenido.

—Te quiero —le dijo ella sin saber muy bien por qué.

—Y yo a ti, como siempre —respondió sabiendo que mañana volvería a presentarse otra vez. Pero ese instante… ese instante bastaba.

L'EMBARÀS

De Cristina Chirivella Berga

Embarassada! Quina vergonya! Una carraca com ella i ara s'havia quedat en estat! Ma mare m'ho contava amb un fil de veu perquè ningú l'escoltara. Era un escàndol: una dona de setanta-set anys i ara esperant una criatura! On s'havia vist això?

Li vaig agafar la mà i li vaig dir que, segurament, era un error. Però ella, apretant les dents, em va fer una escolteta:

—El metge m'ha ensenyat l'analítica.

Jo m'esforçava per no riure, pel seu neguit. Fins que una carcallada brollà de la meua gola. Com vaig poder, li diguí que el metge s'havia confós.

—No rigues, que és una eminència i mai s'equivoca.

—A veure, l'home atén moltíssimes pacients perquè és un metge dels millors.

—És el millor.

—Clar. I potser li ha passat que ha canviat la teua analítica amb la d'altra dona.

—Ui, no.

—Sí, mamà. Estic seguríssima.

—Quin destarifo! Un trasto vell i a estes hores embarassada! Ai, mare! Quan s'enteren les altres carraques...

—Ni cas. Li tornarem a preguntar al metge i ho aclarirem.

De sobte, una desconnexió creuà els seus ulls. Però el soroll del carro del berenar l'alliberà del trànsit. Arribaven l'orxata i els fartons.

Ni rastre de l'embaràs.

LO QUE OLVIDAMOS

De Ángel Blázquez García

Hacía mucho tiempo que no lo veía. En su día, a mí me «mandaron al otro barrio». Era el destino por casarme con una chica del extrarradio. Por eso, y porque mis padres ya fallecieron, ya no frecuentaba aquellas calles donde crecí y me hice un hombre, si es que alguna vez llegué a serlo.

—Seguro que me reconoce —pensé al cruzarme con el padre de Joan el día que regresé.

Iba acompañado de una mujer, aunque yo solo lo recordaba a él, que era quien venía a vernos todos los partidos. Su hijo era nuestro portero, «el Arconada».

Me acerqué de frente. Parecía seguirme con la mirada, pero ni se inmutó cuando hablé.

—¿Se acuerda de mí? Soy Gastón. Jugaba con su hijo en el equipo del colegio. —Los mismos ojos indiferentes me escrutaron para luego perderse en el vacío.

—Discúlpalo, su memoria hace tiempo que le abandonó —contestó ella.

Le cogí la mano. Sonrió y apenas articuló una palabra colmada de significado:

—Balón...

Quería alegrarme, pero la pena me invadió. No sé si por él o por mí: tal vez era yo el que había olvidado antes de tiempo cuánto me dieron aquellos que me ayudaron a crecer.

MENTIRA PIADOSA

De Alfred Montés Ferrero

Puedo ver la confusión en sus ojos mientras le sujeto la mano, pero me devuelve la sonrisa.

—Estás más gordo, hijo.

Reímos. Me pregunta por los estudios, por los amigos. Seguimos bromeando sobre mi aspecto. Me ofrece dinero y busca las llaves del Renault 5. Le digo que ya las tengo. Me pide que le ponga gasolina, que, antes de salir, saque los aperos que ha dejado en el maletero y los guarde.

Me pregunta por mi madre, su expresión cambia. Miento. Sigue preguntando por ella. Sigo mintiendo. No me cree.

Intento controlar su frustración, pero se muestra ansioso y desorientado. Decido salir un momento.

—Lo siento, niños, hoy el abuelo no tiene un buen día. Será mejor que marchéis con mamá. Id delante a despediros de la abuela; el papá tranquiliza al abuelo y va a la iglesia enseguida.

Me pongo una gota del perfume de mamá en el cuello de la camisa y vuelvo a entrar. Lo abrazo de nuevo. Noto cómo reconoce el aroma. Se tranquiliza. Le digo que acabo de estar con mamá, que está en la cocina.

—Pues no sé en qué estará pensando tu madre, si estás más gordo, hijo. ¿Ya tienes novia?

MI LUZ

De Vicente Juan García Patón

Esa mañana le di al interruptor, pero la luz no encendió, salí de mi habitación y el sol se mostraba entre nubes, ahora lucía, ahora se apagaba. Encendí la televisión como mis ojos al mundo, pero tampoco, ni ella ni mi móvil ni mi ordenador me dejaron ver qué sucedía. Parecía que todo se había apagado como esa luz, solo algunos viejos libros, algunas viejas fotos, algunas músicas conseguían hacerme sentir vivo. A veces las nubes tapaban el sol y todo quedaba en silencio, solo tenía recuerdos borrosos, confusos, pero recuerdos. Otras, por algún hueco, el sol asomaba y su luz me cegaba un momento. Mis noches se hicieron muy largas, mis días se hicieron pequeños y yo me fui repartiendo entre luces y sueños.

MI QUERIDO REPARTIDOR

De Ana Blanch Carpena

Cuando el timbre sonaba y Lola abría, la sonrisa de Julio aparecía en el rellano junto a las bolsas del súper.

—¿Cómo está hoy, Lola? —Pasaba y le dejaba la compra.

Desde que, con asiduidad, la atendía en las cajas para cobrarle, le pareció una mujer despierta e interesante. Sonreía agradeciéndole el servicio. «Vivo sola, mis hijos están fuera, soy maestra jubilada», le contó un día mientras colocaba, ágil, la compra en el carro con la mirada gris de nostalgia.

Los ojos de Lola cambiaron. Su sonrisa se escapaba en un gesto arisco nada reconocible al preguntar cuánto debía mientras buscaba inquieta las monedas más adecuadas.

—¿Hoy no está Julio? —preguntó un día, ofreciéndole un billete de las antiguas pesetas. Él le contestó que sí mientras le explicaba que aquel billete ya no estaba en curso, con la tristeza escondida detrás de sus palabras.

Ahora, cuando le abre la puerta, Julio busca a Lola detrás de cada pregunta, de cada respuesta incierta, de cada gesto, y la encuentra, casi siempre la encuentra detrás de sus pupilas cuando aprieta su mano que esconde un euro y le dice:

—Dile a Julio que hace mucho que no le veo.

MI BARCO NAVEGA

De Elena Pérez Piera

¿Qué cosa es esta que me atormenta? Sin mí,
pero conmigo siempre; con nadie,
pero con todos siempre; tengo mucho,
pero a veces no lo veo y me tropiezo; no sé dónde empiezo y dónde termino,
me busco por el camino y no me encuentro.
No entiendo lo que me está ocurriendo,
voy a cerrar los ojos
y volveré a ser el mismo de antes.

Recuerdos bellos de momentos vividos,
¿por qué os voy perdiendo?
Por más que lo intento, no consigo reteneros. Y, sin más…,
os vais desvaneciendo.

Van pasando los días, los meses, las estaciones,
los años;
se nota en la piel, en los huesos,
ese reflejo en el espejo que no reconozco y me ignora.
Los ojos,
que sin hablar me dicen.

MIRADA DESDE LA CALLE

De María de los Ángeles Loor

A diario pregunto a la gente en la calle:
¿sabes algo del alzhéimer? Algunos bajan la cabeza.
Otros se alejan y responden con la mirada.
Me muestran las manos de la rabia.
Unos me confiesan que guardan pastillas para un final.
Otros encuentran consuelo en el abrazo de un desconocido.
Yo, lo veo así:
el olvido es la salida que esconde
una maleta llena de emociones heredadas que nunca se dijeron y que el cuerpo esconde para
sobrevivir.
Cuando se abre..., duelen los recuerdos, se rompe la ilusión.
Sin embargo, da inicio a algo nuevo donde solo queda sanar.
¿Somos solo lo que recordamos?
¿O hay algo más detrás del olvido?
Tal vez, estemos por descubrir un lenguaje silencioso entre almas
que buscan respuestas a preguntas milenarias.

Quien padece de alzhéimer porta un mensaje profundo.
La familia cuidadora decidirá cargar con la maleta o abrirla.

NEBULOSA

De Jenifer Heredia Nebot

—Luna, dicen que hoy a las tres serán las dos.

Ella no sabe qué día es, pero sabe que se está yendo y que nadie la sigue.

—Ay, seguro que tienes hambre, ¿has comido hoy? Ven, mi chico, vamos a alimentarte.

Esa tarde es tan grande que apenas deja hueco en el sofá, sin embargo, ayer cabía entera en su regazo, como una bolita de lana. La semana pasada tenía escamas. Más tarde, quizá, sea solo una sombra del mañana.

Ella presiente que hay cosas que se le escapan, como si alguien le hablase en un idioma que no comprende. Intenta recordar en voz alta, pero las palabras se le esconden detrás de los muebles.

A veces no está segura de quién tiene hambre.

Por si acaso, ponía dos cuencos: uno con agua, otro con cariño. Y, cuando la noche se arrastraba por el pasillo, ella también se hacía pequeña.

Tan pequeña que a veces no se encontraba.

NO SÉ SI TE CONOZCO, PERO TE QUIERO

De María Chust Pérez

El sonido de unas llaves en la cerradura sacó a la anciana de la duermevela. Se incorporó con esfuerzo mientras intentaba comprender qué sucedía.

—¿Quién es?

—¡Buenos días, Ana! ¿Cómo te encuentras hoy?

—Pues... un poco confusa, la verdad. ¿Nos conocemos?

—Solo he venido a dejarte esto. Es un poco de pollo. Le he puesto cebolla en vez de patata, como te gusta. ¿Dónde lo dejo?

—Mmm... Creo que junto al microondas, en la encimera.

—Perfecto. Recuerda que hoy vendrá Pablo a comer. Llegará sobre las dos. Espéralo si no tienes mucha hambre, ¿vale? Cuídate mucho. Te quiero.

La puerta se cerró con suavidad y la casa quedó en silencio, roto solo por el zumbido del frigorífico.

Ana se quedó unos segundos quieta, como si algo dentro de ella intentara atar cabos sueltos en la bruma de su memoria. Caminó hacia el recibidor arrastrando las zapatillas.

Una fotografía llamó su atención: una mujer sonreía abrazada a una versión más joven de sí misma.

La miró con fijeza.

No recordaba su nombre.

Ni recordaba si era su hija, sobrina o su nieta.

Pero recordaba, con una certeza cálida, que la quería. «No sé si te conozco, pero te quiero», pensó.

NOMBRES QUE SE ESCAPAN

De Patricia Asensi Martí

—¿Y tú eras?... Mmmhhhh... ¡Ay! Es que ando fatal de la memoria —pregunta Vicente con el semblante entristecido y los ojos dulces.

—¡Ani! ¡Abuelo! —dice la niña sonriendo.

Patricia observa desde la puerta. Duele, sí. Pero también enternece. Su padre, el hombre que cargaba a cinco hijos en su moto, o que los subía a hombros sin pestañear, que corría para hacer una pirueta antes de lanzarse a la piscina o que viajaba a distintos países para vender el producto de su fábrica, ahora pelea con los nombres de sus nietos, que se le escapan como las hojitas que caen de los árboles y que a él le gusta siempre recoger...

Vicente mira una foto sobre el piano: risas, quince nietos, dos bisnietos. Señala a uno.

—Ese... ese me suena...

—Es Gonzalo, papá. Pero sí, él también te quiere mucho, ahora luego vendrá a verte, que está estudiando...

Vicente asiente. No recuerda el nombre. Pero siente el amor de toda su familia.

NUNCA OLVIDARÉ

De Adrián E. Belmonte García

Nunca olvidaré el justo instante en que la Mamie, apelativo cariñoso con el que nos referíamos a la abuelita tras pasar más de media vida en Francia, metió la mano en el plato de fideos y vertió dicho remanente al suelo con el pretexto de darle de comer al perro.

El justo instante en que todo cambió.

Nunca olvidaré cuando mi tía, su primogénita, acudió colérica a la consulta del médico para exigirle explicaciones, ya que la noche anterior, en la tele, el doctor House había dicho que «el Korsakoff ese» que le había diagnosticado a la Mamie era cosa de borrachos, y su madre no había bebido jamás.

Nunca olvidaré aquella tarde en la que, tras preguntarle qué tal se encontraba, contestó que se había pasado toda la mañana recogiendo pimientos, o el día en que, tras intentar hacerle recordar que no tenía veinte años, sino setenta, y que había parido cinco hijos, tras una existencia carente de exabruptos, respondió con sorpresa «¡Pues sí que he sido puta yo!».

Nunca olvidaré que, pese a no ser del todo ella, siguió haciéndonos sonreír. Nunca olvidaré a la Mamie, aunque solo sea para compensar todo lo que ella dejó de recordar.

PAPELITOS

De Rosa Martínez Martí

Mi madre lloraba repitiendo:

—Se me olvida mi vida.

No sabía qué decirle.

Al día siguiente le traje una gran caja.

—Escribe lo que no quieras olvidar en papelitos y los metes aquí. Cuando quieras recordar, solo tienes que ir leyéndolos.

Mi madre sonrió:

—¡Qué lista eres!

La caja se fue llenando de recuerdos. Hasta que pudo, no dejó de hacerlo.

Hasta que pudo, la abría, sacaba tres papelitos al azar, los leía y sonreía o lloraba...

—¿Me dejas leer alguno?

—No, es como mi cerebro: nadie puede entrar, pero, cuando yo no esté, serán vuestros.

Esa era su vida: su caja, sus papelitos... Al final de sus días no le prestaba atención, pero no se despegaba de ella.

Cuando murió, los hermanos, alrededor de la caja, acordamos ir leyéndolos al azar. Descubrimos una segunda madre. Hablaba de deseos inesperados, sorprendentes; manías disimuladas; del amor de su vida, que no era nuestro padre; de su «amiga del alma» valorando su amistad como el gran regalo que la vida le había dado...

La vimos más humana, vulnerable, contradictoria, sensible..., esa careta que se puso para que nadie se preocupara por ella cayó. Y todos lloramos y la quisimos más.

PEDRO TIENE MIEDO

De Tomás Llorente Massi

Cree que le engañan, que le gastan una broma de mal gusto, que le consideran incapaz de distinguir a su propia nieta. Y entonces llega la terrible sensación de verse a la deriva en un océano inabarcable, sin nada a lo que aferrarse. En su mente, su velero se zarandea en una tormenta que promete hacerle naufragar. Esta vez no hay tierra a la vista, pero no se rinde: «Has librado esta batalla otras cien veces», parece gritar una voz entre el aguacero y los implacables relámpagos. Un gesto le expulsa de su pesadilla. Una mano alcanza la suya, la mano de una chica que ya es adulta. Observa entonces su rostro y tiene la sensación de dar un vistazo a un futuro que le ha sido negado. Recuerda ojos inocentes, ahora cubiertos al mismo tiempo de madurez y preocupación. Pensando en una pregunta, se siente arrastrado de nuevo a un terreno baldío cada vez más recurrente, un sitio donde nada crece, un sitio donde los recuerdos son espejismos en el horizonte. El amor es su oasis y se pregunta cuándo llegará a uno seco, a uno que cumpla el papel de la playa de Barcino.

PER AIXÒ ET VULL

De Ángela Marina Coll García

Eran las cinco de la tarde de un día cualquiera, momento en el que terminaba mi jornada estudiantil en el conservatorio y me aventuraba con alegranza hacia un océano de emociones.

—¡¡¡Aaaaaaahhhhh!!! —se escucha desde la lejanía...

Sí, yo sabía que era ella y, como con cada chillido, me preguntaba... «¿Estará sufriendo?». Con el tiempo me di cuenta de que no necesariamente ese grito iba asociado a una emoción negativa.

—¡Hola, abuelita! —exclamé.

—Carmen, Carmen, Carmen, Carmen... —susurró reiteradamente mientras buscaba mi mano.

—Soy Marina, tu nietecita; ¿cuánto te quiero yo?

Me apretó la mano con toda su fuerza y disfrutamos juntas de un silencio a gritos.

Poco antes de la cena, acostumbrábamos a recordar bellas canciones de su puericia. Esos instantes han quedado tallados en mi memoria perpetuamente, al igual que en la memoria de mi abuela quedaron esas cantinelas infantiles que ni ellas mismas eran conscientes de que gozaban de la exclusividad de la memoria de mi abuela.

—Per això et vull, per això et vull... perquè eres xicoteta... i... —tarareaba mientras sonreía...

PERDER

De Jesús Mira Navarro

Perder. Perder rostros, nombres, palabras, significados, lugares. Perderse. Desorientarse. Hoy más que ayer, mañana más. Un escalón, luego otro y otro hacia el abismo, hacia el infierno, hacia la nada. Y de pronto se enciende una débil luz, tu rostro, sé quién eres, te reconozco. Una sonrisa. Y busco las palabras, la voz que diga «Te quiero», y no la encuentro. Frases sencillas, concretas, precisas, las convierto en un murmullo, un balbuceo sin sentido. Aún tengo fuerzas para tomarte de la mano y estrechártela. Y noto el espasmo que recorre tu cuerpo, y tu sonrisa, y una mirada que comprende. Un instante de felicidad. Y luego otra vez ese agujero, esa nada que me inunda, ese vacío que me absorbe. Ya no estoy, desaparezco. Te he visto un instante, he vuelto a ser feliz. Adiós.

PERDIDO

De Alicia Pisa Marco

… Y de repente, las saetas del reloj giraban al revés… El espejo reflejaba a alguien desconocido.

Su familia había desaparecido, estaba rodeado de personas ajenas a su historia. Todos eran extraños, pero tenía que reconocer que sentía el afecto y el amor con el que lo trataban. Era reconfortante sentir cariño ante tanto caos…

¿Que había sucedido?

¿Sería un mal sueño?

—Cariño, ¿me conoces?

¿Sabes quién soy?

¿Recuerdas cuándo nos conocimos, aquel momento en que nos miramos y ya no supimos separarnos nunca?

¿Recuerdas todos esos momentos maravillosos que hemos pasado juntos? ¿Nuestros hijos y nietos…?

¿Recuerdas cuando decíamos que éramos como un tándem: unidos, inseparables, superando juntos cualquier obstáculo que se ponía en nuestro camino?

Lorenzo la miraba, sonreía y asentía con la cabeza. Su corazón le gritaba que confiara con aquella mujer que le brindaba tanto amor. Su mente le decía que era una perfecta desconocida…

PORQUE NOS QUEREMOS

De María del Carmen Bueno López

Es una fría mañana de marzo. Una señora se encuentra en una salita de la residencia con sus dos nietos. Coge de la mano a su nieta, la pequeña. No sabe su nombre. No sabe que es su nieta.

Mira por la ventana. Mira el cielo nublado. Sonríe mientras mira a su nieto y aprieta la mano de su nieta. Sigue sin saber quiénes son.

—Y aquí estamos…—dice de manera casi distraída, automática.

—¿Y por qué estamos aquí? —pregunta el nieto.

Ella mira hacia arriba. Piensa. Los nietos se miran y esperan.

—Estamos porque… nos queremos.

PREGUNTA SIN RESPUESTA

De Victoria Donis Alagarda

El pétalo se abrazó a la brisa. Quería balancearse y quedarse suspendido para evitar tocar tierra. Probablemente María hubiese hecho lo mismo en su lugar. Tenía la mirada perdida en algún recuerdo. La vida la estaba forzando a realizar una parada demasiado larga, siempre sentada en aquella silla de la que pocas veces conseguía levantarse. Sin embargo, aquel día no estaba quieta. Lucía observó cómo movía uno de los brazos.

—Hola, tía, ¿cómo te encuentras? ¿Qué tienes en la mano? —preguntó mientras se acercaba por detrás y la besaba en la mejilla.

—Hola, bonica. ¿Esto? Es una margarita.

—¡Anda! Enséñamela.

El gorjeo de un gorrión dibujó una sonrisa en el rostro de María.

—¡Qué bonita! Pero ¿por qué le has arrancado algunos pétalos?

—Porque le estoy preguntando si me quiere o no me quiere.

—¿Quién? ¿El tío?

—Pues claro, mujer. ¿Quién si no?

—Pero tía, tú ya sabes que fue la persona que más te quiso. Él solo tenía ojos para ti.

—Eso dices tú, pero, si es así, ¿por qué hace tanto tiempo que no viene a verme?

Lucía la abrazó con ternura y confió en que la margarita fuese capaz de darle a María la respuesta que tanto necesitaba.

¿QUIÉN ERES?

De Pablo de la Fuente de los Santos

¿He desayunado ya? Huele a pan tostado, pero... no, es mentira, es ese perfume que llevaba mi madre. ¿Por qué está mi madre aquí si...? La mujer de la bata azul dice que soy Carmen. No la conozco. Su cara se desdibuja, le sonrío por si acaso. Me pesan las manos, o quizá son las sábanas. Alguien llama:
—Abuela.
Abuelo, abuela... ¿Era yo? ¿Dónde están mis zapatos? ¿Quién ha apagado la luz? Corro por un pasillo, se escapan los nombres, las puertas, el sol. Recuerdo un lago, mi hijo aprendió a nadar allí. ¿Dónde está mi hijo? ¿Dónde estoy yo? La ventana me mira y no la entiendo. Siento frío, pero la manta es cálida. Alguien me abraza.
—No te vayas, mamá —dice una voz temblorosa.
Intento quedarme, pero resbalo, resbalo... Es como agua. Las caras flotan y se pierden, los recuerdos se disuelven. Quiero decir algo, gritar que sigo aquí, detrás de todo este olvido. Pero las palabras ya no llegan. Solo queda el silencio y un deseo: que alguien, aunque sea por un instante, me recuerde por mí.

RECORRIDO INVERSO

De María Ángeles Chavarría Aznar

El hilillo del zumo de naranja le recorrió la comisura del labio.

Nadie se atrevió a quitar su poso.

Tras la crisis de violencia, mejor era callar, silenciar lo vivido por un rato, camuflar la apariencia.

Era un extraño pacto para sufrir lo mínimo y hacer como si nada en ese todo inmenso que envolvía la piel y las entrañas.

Conviene acostumbrarse, se decían, a perder a quien fue, a vivir con la sombra del olvido, porque al fin la memoria se quedó para siempre en un álbum de fotos.

Cada cual sonreía con la amargura oculta por saber, ya sin dudas, que no hay marcha atrás, que el deterioro aumenta, que las fuerzas se agotan.

Entonces llegó el nieto, la fiesta de la tarde, recorrió con sus dedos los labios de su abuela y le dijo despacio, con ternura de niño:

—¿Ahora te manchas tú? Parece que te has vuelto pequeñita.

SABE A LUCÍA

De José Antonio Lozano Rodríguez

Saca del armario la sartén honda de viejos recuerdos como sus canas ajadas y pela los ajos tras aplastarlos enérgicamente con la hoja del cuchillo, los corta a trozos grandes para freírlos con el aceite ardiente..., y todo crepita a Lucía.

Reserva y fríe en el mismo aceite la panceta y el chorizo de sarta, que guarda cuando están crujientes, separa la sartén del fuego y añade una cucharada de pimentón picante removiendo para que no se requeme..., y todo huele a Lucía.

Echa tres cucharadas de harina de almorta, una para la sartén, revolviendo para que ligue hasta conseguir una masa naranja y compacta..., y todo revela a Lucía.

Vierte agua a pequeñas dosis removiendo constantemente para deshacer algunos grumos hasta lograr un todo uniforme, corrige de sal y vierte allí mismo todo lo guardado, incluido el aceite que sudan los fritos..., y todo abraza a Lucía.

Alcanza el pan candeal, lo parte en trozos que servirán de cuchara y le sorprende desconocer por qué no estaba en su lugar, como tampoco los vasos, las servilletas, o haber olvidado para quién ha cocinado las gachas, aunque hoy, nuevamente..., todo sabe a Lucía.

SENTADA CON UNA TAZA DE CAFÉ

De María Cristina Alexandre Cuñat

Sentada con una taza de café tras una noche agitada y una mañana de rutinas sin descanso te cuento mientras dormitas:

Si supieras cuánto estoy aprendiendo de la vida viendo cómo se está acabando la tuya.

Cómo siento cada mañana alegría porque un nuevo día te permite ver la luz del sol aunque no lo sepas y te digo: «¡Da gracias por una oportunidad más!».

Cómo me sorprendo cuando, por azar, me llamas por mi nombre después de días sin reconocerme y grito: «¡Viva, lo has dicho!».

Cómo me encanta cuando ingieres la comida mientras me alejo de tu boca por si se te ocurre escupírmela en la cara.

Cómo disfruto peinándote lentamente mientras cantamos canciones de tu infancia, de tu juventud...

Cómo, sin saberlo, me estás regalando momentos de felicidad no esperados cuando nos dijeron que tu cerebro empezaba a envejecer, o nos hundíamos o buscábamos cómo hacer este camino lo más agradable posible, y en eso estamos: en dar cada paso con optimismo y energía solucionando cada obstáculo.

Si el alzhéimer aparece entre los tuyos, míralo de frente y aprovecha ese tiempo para descubrir el encanto de la vida simple.

¿SIGO SIENDO YO?

De Antonio Blas Najar Martínez

El ruido de la persiana acaba por despertarme. Empieza para mí un nuevo día de aprendizaje. Miro mi entorno y, como en mis últimos meses, creo descubrir algo nuevo sin saber que es la misma habitación en la que he vivido mis últimos veinte años.

Me esfuerzo en busca de recuerdos perdidos del día anterior porque cada día en este último año mi memoria lucha por recuperar vivencias, recuerdos, imágenes del pasado o personas con las que he convivido y he compartido vida.

¿Tanto he cambiado? Mi mundo está ahora lleno de preguntas, de dudas y de vacilaciones. Yo, que siempre he sido independiente, libre de ataduras e imposiciones, empiezo a ser sumiso, dócil como un niño que no puede correr ni llegar a ninguna parte.

No tengo lagunas de memoria, sino pérdida total de esta; no son recuerdos lejanos, sino la lejanía sin recuerdos. Convertido en un autómata, actúo a impulsos y solo guiado por la ayuda de los demás, pasando horas mirando el horizonte con la mente en blanco; pero, aunque me veáis ausente, ido o inerte, no penséis que ya me he ido, sigo pensando, viendo o escuchando, casi en un continuo diálogo interior conmigo mismo.

SOL DE PONIENTE

De Antonio José Crevillén García

De niños pasábamos las tardes en el monte Irabí, más conocido como el monte del Águila, ya que en su ladera relucía bordado en piedra blanca un águila de aspecto fantástico. Crecimos y, siempre que nos juntábamos de nuevo, recordábamos nuestras meriendas, historias y aventuras allí. Un día de esos, Miguelito nos desconcertó a todos al no reconocer nuestro lugar compartido; le insistimos, pero él parecía haberlo borrado verdaderamente de su memoria. Acordamos volver a subir juntos al monte otro día pese a nuestra ya avanzada edad. El día llegó y, conforme subíamos, comenzaba a dibujarse en cada uno de nosotros nuestro preciado pasado, pero ciertamente no en Miguel. Súbitamente, en nuestra subida, el monte comenzó a temblar, la tierra empezó a abrirse y las piedras rodaron montaña abajo. Juan Luis perdió el equilibrio y se precipitó por un cortado, Emilio se desvaneció tras un fuerte golpe y a Sergio se lo tragó la tierra, literalmente; yo, con mejor fortuna, rodé por un terraplén hasta el inicio. Después, el temblor dio tregua y arriba del monte quedó Miguel, solo y con una mirada perdida hacia el sol de poniente, como si nada de todo eso hubiera ocurrido en realidad.

SOMEBODY TO LOVE

De Juan Vicente Marcilla Peidro

El sonido de la cafetera se escuchó como un precipicio. El café se quedó frío y tu mirada congelada. Lo intuí en el viento y en el poso de las no palabras. La inexistencia de excusas acompañó el tintineo de la cucharilla. Tus manos no dejaban de moverse. Necesitabas volar.

—Me marcho —dijiste.

No encontré respuesta, la mirada se transformó en lumbre y cenizas. Tu sombrero calado y una sonrisa, tierna y lejana, completaron la fría despedida.

Una cuenta pagada a medias y un viaje a ninguna parte camino del aeropuerto.

Volviste ligero como la brisa y entonces nos amamos. Conseguiste tus sueños. Cantaste en un grupo de *rock* no demasiado exitoso. Tu favorito siempre fue Queen. Tu pelo se fue cayendo. Seguías usando sombrero, aunque por otros motivos. Trajiste calma y una hermosa colección de vinilos. Compramos un tocadiscos y tuvimos dos hijos.

Cada sábado por la mañana me recuerdas.

Pongo el disco en la aguja, carraspea y empieza a girar. La voz de Freddie en falsete logra el milagro:

Can anybody find me somebody to love?

Entonces giras la cabeza, me miras y viajamos al tiempo en el que fuimos tan felices.

TERCERA ESCALERA, SEXTO A

De Ana Hidalgo Martínez

Cuando cruzo el portal del edificio, ya sé que, cuando llegue a la tercera escalera, el ascensor va a estar abajo. En el sexto piso estarás tú, con la puerta de tu casa y los brazos igual de abiertos, después de habérmelo enviado para que no tenga que esperarlo. Así he medido el amor y tus ganas de verme siempre. Ahora que te engaña la memoria, crees que llevo dos semanas sin venir, pero ninguno fallamos a nuestra fiel costumbre diaria.

Seguidamente, me dirás que la abuela no te deja merendar, para que después ella me confiese que hoy has merendado tres veces. Tampoco te acordarás bien de lo que hiciste esta mañana, pero sí de esa anécdota de mi infancia que rememoras siempre que vengo:

—¿Te acuerdas de cuando te llevaba al parque y tenía que correr detrás de ti mientras perseguías palomas gritando: «¡Abuelo, mira los *pipis*!»? —me dices riéndote mientras miras a la nada, mientras miras al recuerdo para que no se te escape.

Yo asiento sonriente pero melancólica y pienso: «Ojalá que a ti no se te olvide nunca y que me sigas mandando el ascensor para volver a contarme la misma anécdota cuando llegue arriba».

ÚLTIMA Y PRIMERA VEZ

De María Orrego Aguilar

«¿Quién soy?», fue lo último que pensó antes de cerrar los ojos y fundirse con el negro del horizonte. Pero, justo antes de desaparecer, como si la memoria le hiciera un último regalo, lo vio todo.

Sus primeras navidades, los veranos en el pueblo, su primer beso, el cáncer de su madre, su primer viaje a Roma, el nacimiento de su sobrino, el primer paseo cogidos de la mano, las partidas de mus con su padre, la boda de Mariola y Juan, y miles de recuerdos más que saboreó como la primera vez.

Durante años, el alzhéimer se fue llevando trozos de su historia, pero, en ese instante final, todo volvió. Como si la vida, antes de irse, quisiera recordar que una vez hubo una persona detrás del olvido.

Y dio gracias.

Por lo vivido, por lo sentido. Por todo lo que fue, incluso cuando ya no lo recordaba.

Y, con ese último regalo de la vida, se fue escuchando en su cabeza la canción de Nino Bravo que siempre oía con su madre: «Pensar, hablar, soñar; llorar, luchar, reír; sentir, amar, sufrir... Eso es vivir, vivir...».

En el último momento, todo se sintió como si fuera la primera vez.

UN DÍA, EL DÍA

De Julita San Frutos González

Ese día no escuché el despertador, así que tenía el tiempo justo para acudir a mi cita de trabajo. Corrí al autobús y me subí cuando estaba a punto de ponerse en marcha.

Llegué a mi parada, pero una señora mayor se interpuso entre la salida y yo.

—Perdón, ¿va a bajar? —le dije.

—¿Qué parada es esta? —contestó mientras clavaba sus ojos en los míos.

—Plaza de España.

Cuando el vehículo paró, la señora decidió apearse y yo no tuve más remedio que ayudarla para agilizar su bajada. Al dejarla en la acera le pregunté:

—¿Dónde va? ¿Puedo ayudarla?

—¡Gracias, hijo! ¿Quieres llevarme donde el velo que cubre mi mente se disipe?

Se agarró de mi brazo y nos sentamos en un banco de un parque cercano. Me relató historias de su niñez mientras observábamos los árboles, el cielo, las nubes, el sol... El sonido del móvil me volvió a la realidad y pensé que a la persona que se encontraba junto a mí su familia la estaría buscando desesperadamente, así que llamé a la policía.

Ya en el coche, volviéndose hacia mí, me dijo:

—¡Gracias, hijo, por escucharme!

Una lágrima acudió a mis ojos y la dejé rodar libremente.

UN GRITO DE AUXILIO Y ESPERANZA

De Gerardo Sánchez Ferrando

Escribo estas líneas en mi «libreta de la desmemoria». En ella apunto cosas importantes, como los teléfonos de mis seres queridos, las horas de mis pastillas y todo aquello que mi desgastado cerebro no debería permitirse olvidar. Este mensaje te lo mando a ti, mi querida Mercedes, no sé dónde estás, ni si seguirás viva, pero si a mí me han ingresado por covid es muy probable que tú hayas corrido una suerte similar...

Creo que en el trajín del ingreso de urgencia al hospital perdí mi «diario de un yayoflauta». Todo es un caos. Apenas entiendo lo que me dicen las enfermeras. Van cubiertas de pies a cabeza como si fueran astronautas...

¿Dónde estoy? ¿Por qué me tienen aislado? ¿Cómo he llegado aquí? Tengo miedo. No entiendo nada. Quiero gritar, pero nadie me oye. Solo alcanzo a ver camillas llenas de gente en los pasillos, personas que corren de aquí para allá, ¿es el fin del mundo?...

Mercedes. ¿Dónde estás? Ven a salvarme...
¿Quiénes sois? ¿A dónde me lleváis? ¿Por qué estoy entubado?
Mi amor. ¿Eres tú? Siento tu mano sobre la mía. Alcanzo a verte, pero no puedo hablar. ¡Mírame!
¡Te quiero, amor mío!

UNA CALLE CUALQUIERA

De Nieves Sanz Llopis

Leí en un sobrecito de azúcar que soledad es estar rodeado de gente y pensar solo en la que falta.

Allí es donde habita ella, en la calle Soledad. Todo el tiempo. Porque quien le falta no puede volver. Porque quien le falta es ella misma.

Sus recuerdos se quedaron en los quince años. Que, puestos a elegir, no es una mala edad. Aunque a ella la marcaron por la muerte de su padre. Y eso es lo que recuerda con nitidez.

Todo lo demás ya viene con adornos que siempre la dejan en buen lugar. Resulta maravilloso que la mente, cuando decide jugar con nosotros, nos ponga como héroes. Estupenda arma de defensa.

Y cada día, ella se siente más cómoda en esa insidiosa, volátil realidad. Y resulta curioso ver cómo la gente te dice:

—Qué bien la he encontrado. Está estupenda.

Sin percibir sus mentiras, sus vacíos... Y ella:

—He estado hablando con una mujer... No sé si la conozco...

—¿Y qué te ha contado?

—No sé, cosas. Ya no me acuerdo.

Y en tu corazón notas otro pellizco mientras ella vuelve a la calidez de su calle Soledad con la mirada fija en algún sitio, lejana, fría.

UNA NANA DE AMOR

De Jesús Sánchez Graullera

El tiempo la había despojado de nombres y rostros. La casa, repleta de recuerdos olvidados, era un laberinto donde su mente vagaba sin rumbo. No recordaba quién era la joven de ojos brillantes que la visitaba esa tarde ni por qué, en un lugar privilegiado, dormía un piano cubierto de polvo.

Alba, su nieta, hacía días que no la veía. Sabía que la yaya estaba mucho más ausente. Aquellas clases de solfeo eran un lejano recuerdo. Con su dulce sonrisa se sentó frente a ella permitiendo que sus dedos acariciaran el marfil dormido. Los primeros acordes de la *Nana* de Brahms flotaron en el aire, armoniosos. Sonaba la melodía, tejida con hilos de complicidad, que tantas veces tocaron.

La anciana, que hasta entonces miraba el vacío, alzó la cabeza. Sus dedos, frágiles como hojas secas, temblaron sobre la falda. Algo en su corazón despertó.

Cerró los ojos murmurando la melodía entre labios resecos.

Sus manos se alzaron como si buscaran teclas invisibles.

Un destello de conciencia cruzó su mirada.

No recordaba a la muchacha que la observaba con lágrimas en los ojos, pero supo que la nana, en el oculto pasado, las había unido para siempre.

UNA TARDE CUALQUIERA EN UN CENTRO DE DÍA DE ALZHÉIMER

De María Gabriela García Salvador

Lina se retrasa más de un cuarto de hora. Suele ser muy puntual. Ayer fue incapaz de completar el cuadernillo de actividades. Llaman a la puerta, viene acompañada de una joven. Parece desorientada y agobiada. Entra. Hablamos. Siente que la enfermedad está avanzando más rápido de lo esperado. Experimenta a la vez tristeza, rabia, impotencia, miedo. La escucho e intento ayudarle a gestionar sus emociones. Ante todo, le preocupa perder su autonomía. Se va calmando. Me cuenta por enésima vez su historia. Quizá por última vez de forma coherente.

Suena un pasodoble y se produce el milagro. Es la hora de la musicoterapia. Las usuarias parecen rejuvenecer, mientras cantan los grandes éxitos de los años cuarenta, cincuenta y sesenta del siglo pasado. También mejora su estado anímico. Aunque Lina, de vez en cuando, mira donde se sientan sus compañeras con alzhéimer más avanzado. Y, se le escapa alguna lágrima.

Me llama la directora, ha concertado una cita con los familiares de Lina. Quiere mi opinión sobre su evolución. Cuando salgo de su despacho, veo que han venido a recogerla. Cosa que rara vez sucede. Nos despedimos. Se me humedecen los ojos. Intento disimular.

UNA TAZA DE CAFÉ

De Aurora López Caro

Se había olvidado de su nombre, de su cuerpo, de su rostro... Pero no de aquel olor a café. Por un instante, cada mañana, Roma seguía en pie sobre el filo de una taza donde no había hueco para el alzhéimer; solo para el café.

En ese momento, en el que respiraba el aroma del capuchino italiano, sus manos, su boca y su voz se sentían como las suyas propias. Y el nombre, el cuerpo y el rostro de la mujer que ahora sujetaba delante la taza, su taza, eran los mismos de los que se había enamorado tanto tiempo atrás en una pequeña cafetería de Roma donde habían cruzado sus primeras palabras:

—Qué bien sabe este café.

Esas mismas que repetía cada mañana después de probarlo. Ni siquiera la pérdida de la memoria era capaz de borrar su historia de amor; no mientras quedara café. Y es que cada mañana volvía a nacer.

VISITA DIARIA

De Manuel Serrano Funes

¡Qué manía tienen todos de venir a la misma hora! Siempre cuando más interesante está la tele.

Hala, ahora mi hija. Ya viene a darme el beso pegajoso. Espera, no es mi hija, es mi mujer.

—¡Quita, pesada!

¿Por qué me llama papá? Esta mujer cada día está peor.

—¿Y a ti qué te importa lo que estoy viendo? Pues la novela, como siempre.

—No, no ha llamado nadie. ¿Quién quieres que llame?

A ver si dejan de decir tonterías que no oigo. Espera, ¿están diciendo que ha sido el ochenta y nueve cumpleaños de mi hermano Luis? ¡Y una mierda! Yo tengo treinta y seis y soy el mayor.

—Y estos críos, ¿quiénes son?

—¿Cómo que mis nietos? ¡Déjate de tonterías y llévatelos de aquí, Marisa!

—¿Que no eres Marisa? ¡No, si ahora tendré que creerme que mi Marisa murió hace diez años!

—¡Vale ya de bobadas y apartaos que no veo la novela!

Y A LOS LADOS, RECUERDOS

De Rubén Moratalla Mayo

Rellenaste la solicitud de la Universalidad Popular. Sabías lo que estaba pasando, pero querías mantenerte activa. Deseé tantas veces acostarme a dormir un día y al siguiente despertar en tu memoria…, entender por qué los recuerdos se volvían mate mientras rasgaban el brillo de las buenas épocas. Quería acompañarte, solo eso. Comprobé cómo tus retinas caían en el desgobierno y tu lucha eran saetas huecas en una cuenta atrás. Uno de los últimos días, cuando me contabas anécdotas sobre la Singer, aquella vetusta máquina de coser, intercambiamos sonrisas sentados en el espigón. Capté el reflejo de nuestras pupilas en el agua y pude ver que las tuyas ya no eran las de antes. Estaban calmadas pero dispersas. El atardecer cereza y coral unió nuestros cuerpos para fundirlos en un abrazo sin caducidad. Nunca olvidaré tu último recorrido por la barandilla de la memoria, agarrándote a ella como si el recuerdo solo dependiera de ti.

YO RECORDARÉ POR TI

De Manuel Jover Martínez

Mi abuelo ya no estaba seguro de serlo, solo a ratos. Me confundía con mi padre o con mi hermano o incluso con su amigo de toda la vida. Confundía las reglas del parchís con las de las damas, aunque se enfadaba igual que antes cuando le comía una ficha. No sabía decir las palabrotas que él mismo me había enseñado y, sin embargo, a mí me alegraba que lo hubiera hecho. A veces me sorprendía cuando le tocaba su canción favorita al piano y todavía la tarareaba. Mi abuelo no era tanto mi abuelo, pero un poco sí. Hasta que empezó a quedarse sin vidas, como en los videojuegos. Yo le seguí queriendo igual todo el tiempo. Se lo digo cada vez que voy a verlo al cementerio. Y le prometo, por si me oye, que lo de que su nieto no le olvida es verdad.

AGRADECIMIENTOS

Gracias a todas las personas que han participado en este proyecto, en especial a los escritores y escritoras de los microrrelatos participantes y a la Editorial Sargantana.

Y, por supuesto, al jurado del II Certamen Literario de Microrrelatos A de Alzhéimer:

Nathalie Albero, escritora y licenciada en Derecho, premiada en diversos concursos literarios y autora de la novela *El meridiano pasaba por tu ombligo*, que gira en torno al impacto que la enfermedad de Alzheimer provoca en el seno de una familia.

Manolo Gil, periodista, comunicador y editor. Director de la Fira del Llibre de València. Desde hace años dirige, junto a su socio Xavier Bellot, la agencia Altriam Media & Events y Vincle Editorial, un proyecto valenciano e independiente. Escribe en varios medios, como *Levante-EMV*.

Marina López Martínez (Marina Lomar), profesora de Lengua y Cultura Francesa en la Universidad Jaume I de Castellón. Autora de obras como *Trampantojo* y *Desde la ventana*. Ha escrito artículos en medios tanto nacionales como extranjeros sobre la literatura contemporánea francófona.

Javier Alandes, licenciado en Economía. Desarrolla su carrera profesional, además de como escritor, como formador y conferenciante en emprendimiento, *storytelling* y competencias transversales. Es autor de diferentes novelas, entre ellas, *Los guardianes del Prado, La última mirada de Goya* o *El rey de bronce.*

Ana María Ruiz Cano, presidenta de la Asociación de Familiares de Alzhéimer de València (AFAV), es licenciada en Historia. Ha impartido clases en varios institutos de València como catedrática de Historia. Desde su jubilación, está comprometida con su labor al frente de AFAV.